THOMAS KRAUSE

KOCHEN FÜR MÄNNER

THOMAS KRAUSE

Mit Fotografien
von Hubertus Schüler

KOCHEN *für* MÄNNER

EIN MANN - EIN KOCHBUCH

Bassermann

• INHALT •

—— MÄNNERKOCHSCHULE ——

KOCHEN

das Workout für den Mann

Die Zeiten, in denen die Küche das Hoheitsgebiet der Frauen war, gehören definitiv der Vergangenheit an. Dort, wo sie früher die Familie versorgten und wo kulinarische Traditionen und Familien-geheimnisse von einer weiblichen Generation zur nächsten weitergegeben wurden, findet eine emanzipatorische Trendwende statt: Die Küche wird – zumindest zum Wochenende hin – mehr und mehr von uns kochenden Männern bevölkert! Gut, zugegeben, das Versorgen der Familie ist hier eher angenehmer Nebeneffekt, denn wir Männer sehen hierin weniger eine existenzielle Notwendigkeit. Vielmehr haben wir das Kochen zu unserem neuen Hobby auserkoren. Die Küche wird zum Schauplatz unseres kulinarischen Workouts. Anstelle von schweißtreibendem Sport gibt es am Wochenende Ambitioniertes auf den Teller.

Und wir Männer geben uns in der Küche nicht mit einem soliden Grundstock an Küchenausstattung zufrieden. Nein, der kulinarisch Interessierte und Ambitionierte rüstet auch im Hardwarebereich durchaus auf. Wir Herren der Schöpfung sind bis heute Jäger und Sammler, und deshalb sollen die praktischen Helfer nicht nur die Küchenarbeit erleichtern, sondern uns stets schmücken und mit ein wenig Besitzerstolz erfüllen.

Ein edles geschmiedetes Messer, eine schöne gusseiserne Pfanne, Tasmanischer Pfeffer, Himalaya-Salz ... Tranken wir früher zum Essen einen einfachen Landwein, so fachsimpeln wir heute so gerne über die Eichenholznote eines Rioja Gran Reserva. Und wo wir früher maximal eine Portion Spaghetti aglio e olio nach Packungsangabe auf den Teller bringen konnten, zaubern wir heute im Handumdrehen selbst gemachten Pastateig, als hätten wir in unserem Leben nie etwas anderes getan. Wenn wir kochen, dann kochen wir Männer um unserer selbst willen und – natürlich – für Ruhm und Ehre. Und wir tun das natürlich für einen einzigen guten Zweck, denn wahre Liebe geht durch den Magen.

Unsere Frauen machen wir nicht nur mit unseren Küchenzaubereien selbst glücklich: Statt aus Mangel an eigenen männlichen Ideen zum Geburtstag oder zu Weihnachten das x-te Duftwässerchen oder die soundsovielte Aktentasche geschenkt zu bekommen, sprudeln wir über vor sinnvollen Geschenkideen und es darf zum Beispiel ein Hightech-Stabmixer mit Akkufunktion sein.

Lesen Sie das Gesagte, wie ich es schreibe – mit einem Augenzwinkern. Ich hoffe, Ihnen und natürlich auch der Frau an Ihrer Seite mit diesem Kochbuch in erster Linie Freude zu bereiten und viele Rezeptideen sowie ein paar nützliche Tipps und Tricks zu verraten. Allen kochenden Männern wünsche ich auch weiterhin viel Spaß in der Küche!

Ihr Thomas Krause

———

DIE WAFFEN

– DIE WICHTIGSTEN KÜCHENUTENSILIEN –

In eine Männerküche gehören für mich zuallererst drei scharfe Messer – ein kleines fürs Gemüse, ein Sägemesser für Brot oder Gefrorenes und ein schönes Santoku, also ein japanisches Allzweckküchenmesser mit breiter Klinge, das zum Schneiden von Fleisch, Fisch und Gemüse gleichermaßen bestens geeignet ist.

Zum Braten brauchen wir in jedem Fall eine beschichtete und eine gusseiserne Pfanne – idealerweise von jeder Sorte ein kleines und ein großes Exemplar. Mit beschichteten Pfannen lassen wir auch fast ohne die Zugabe von Fett garantiert nichts anbrennen. Dagegen vertragen gusseiserne Modelle starke Hitze sehr gut. Und Fleisch entwickelt die schönsten Röstaromen, wenn man es in Butterschmalz in einer gusseisernen Pfanne schnell und scharf anbrät. Das ist ganz nach Männergeschmack.

Ein großer Topf, zwei mittlere Töpfe und ein kleiner Topf aus Edelstahl bilden die Grundausstattung, wenn wir Männer über Spaghetti aglio e olio hinaus sind. Hinzu kommt eine kleine Stielkasserolle fürs Sößchen.

Mit einem groben und einem feinen Sieb sowie einem Schaumlöffel sieben Sie wirklich alles, was in der Küche anfällt. Mit dem groben Sieb gießen Sie Nudeln ab oder lassen einen Salat abtropfen, das feine Sieb hilft Ihnen, Saucen und Suppen eine feine Konsistenz zu geben. Mit dem Schaumlöffel heben Sie blanchiertes Gemüse, Klöße und Co. aus dem Wasser, ohne den Kochsud wegzugießen.

Schneebesen, Kartoffelstampfer und/oder -presse, Kochlöffel, Suppenkelle, Sparschäler und Nudelholz traue ich mich hier kaum zu erwähnen – die dürfen wirklich in keiner Küche fehlen.

Elektrogeräte wie Stabmixer, Standmixer, Blitzhacker und Handrührgerät sind praktische Helfer, um Dinge schnell und ohne viel schweißtreibenden Kraftaufwand cremig, steif oder klein zu bekommen. Sie werden allerdings zum Teil entbehrlich, wenn man sich für den Kauf einer guten Küchenmaschine entscheidet.

Eine Küchenmaschine kann Ihnen und den oben genannten Klein-Elektrogeräten viel Arbeit abnehmen und für Sie fast alles schneiden, reiben, zerkleinern und rühren. Bevor Sie sich für den Kauf einer Küchenmaschine entscheiden, fragen Sie sich allerdings bitte zunächst selbst, ob es das High-End-Produkt sein muss oder ob nicht doch die Sparvariante reicht. Verlockend ist der Kauf eines Luxusmodells, das scheinbar ganz ohne Ihr Zutun auch das Kochen und Backen übernimmt. Nur werden Sie es wirklich nutzen? Achten Sie bei der Wahl des Modells in jedem Fall auch auf die Erweiterungsmöglichkeiten, die die verschiedenen Maschinen bieten. Denn wenn sich die Küchenmaschine zusammen mit Ihnen und Ihrem kulinarischen Talent weiterentwickeln kann, werden Sie in der Küche ein unschlagbares Dream-Team.

— Der —

SCHLACHTPLAN

DER EINKAUF

Starten Sie Ihre Kücheneinkäufe nie ohne Schlachtplan beziehungsweise Einkaufszettel, damit Sie sich später beim Einkaufen eben nicht verzetteln.

Lassen Sie Ihren Blick mindestens einmal im Monat durch Vorratsschrank und Tiefkühlfach schweifen, um verbrauchte Vorräte wieder aufzufüllen. Denn die Bevorratung von Convenience-Food wie Fertig-Teigwaren, passierten Tomaten, Hülsenfrüchten aus der Dose und Tiefkühlgemüse ist ja durchaus sinnvoll.

Viel wichtiger noch als das gerade Gesagte ist es allerdings, darauf zu achten, was und wo Sie einkaufen. Denn viel zu häufig kaufen wir wahllos und unbedacht ein, weil es wieder einmal schnell gehen muss. Wenn Sie können und wollen, wählen Sie Bio-Produkte. Sie sind zwar nicht unbedingt gesünder als andere Lebensmittel, aber unter besseren Bedingungen und nachhaltiger produziert.

Die Suche nach speziellen Produkten und Küchengeräten können Sie sich per Bestellung im Internet leichter machen. Es gibt viele gute Online-Händler, die sich auf den Verkauf beziehungsweise Versand besonderer Waren (Gewürze, Feinkost, internationale Lebensmittel oder Küchengeräte, aber auch qualitativ hochwertiges, entsprechend gekühltes Gourmetfleisch) spezialisiert haben. So gut wie alles ist heutzutage lieferbar. Allerdings geht eben auch jegliches unmittelbare Erlebnis verloren, wenn wir die Produkte wie Obst und Gemüse nicht selbst auswählen können.

Beim Kauf frischer Produkte, wie Obst und Gemüse, Fleisch und Fisch, sind Nachhaltigkeit, Regionalität und Saisonalität tatsächlich die Schlagwörter der Stunde. Und es lohnt sich wirklich, einmal zu schauen, wer in der Nähe welche Produkte anbietet. Vielleicht gibt es in Ihrer Nähe einen Bio-Bauern mit angeschlossenem Hofladen? Und der gute alte Gang über den Wochenmarkt, wo Sie genau das finden, was die Obst- und Gemüsesaison gerade tatsächlich zu bieten hat, ist kommunikativ und macht doch auch irgendwie Spaß, wenn es nicht gerade in Strömen regnet. Viele Supermarktketten sind heute genossenschaftlich organisiert, das heißt, ihre einzelnen Filialen sind inhabergeführt. Auch hier finden Sie nicht selten sehr gute Produkte aus Ihrer Region.

Das alles heißt natürlich nicht, dass wir mit ständig schlechtem Gewissen durch die Geschäfte streifen sollen und uns für den Einkauf einen Tag Urlaub nehmen müssen. Einkaufen und auch Kochen sollen weiterhin in erster Linie Spaß machen. Und natürlich wollen und sollen wir alle auch weiterhin einen spanischen Schinken oder italienischen Käse genießen. Aber hier und da ist Klasse besser als Masse. Und wenn man erst einmal weiß, wo es die richtig guten Sachen gibt, ist der Weg dorthin auch schon gar nicht mehr so umständlich und weit – Sie werden sehen.

DIE FRISCHEMERKMALE

Erster Anhaltspunkt für die Frische von Produkten ist bei allen verpackten Artikeln natürlich das Mindesthaltbarkeitsdatum. Hier kann es lohnenswert sein, hin und wieder einen „langen Arm" zu machen und in die hinteren Reihen zu greifen.

Frisches Obst und Gemüse erkennen Sie an frischer, leuchtender Farbe und Festigkeit, die man mit einem vorsichtigen Drucktest prüfen kann. Beim Salat sollten die Blätter schön fest sein. Meiden Sie Ware mit Verletzungen oder braunen Stellen. Denn wenn sie nicht schon verdorben ist, wird sie viel schneller schlecht als unversehrte.

Fleisch sollte je nach Sorte rosig bis dunkelrot sein, glänzen und nicht trocken wirken. Im Idealfall schneidet der Metzger Ihres Vertrauens Fleisch und auch Wurst für Sie immer gerne ganz nach Ihren Wünschen frisch auf. Schließlich bezahlen Sie gutes Geld dafür! Bestehen Sie ruhig darauf, sich beim Fleisch ein Stück aus der Mitte herausschneiden zu lassen, und achten Sie darauf, möglichst keine Endstücke zu bekommen, wenn es nicht sein muss. Sind Sie nicht sicher, ob Ihr Fleisch oder Ihre Wurst aus dem Kühlschrank zu Hause noch frisch ist, können Sie dies mithilfe von Auge und Nase rasch feststellen. Haben Fleisch oder auch Wurst einen Grauschleier und riechen sie schon streng und unappetitlich, verzichten Sie lieber auf deren Verzehr.

Frischen Fisch erkennen Sie daran, dass er nach Meeresbrise riecht und ein wenig an den letzten Urlaub erinnert. Ganze Fische sollten klare Augen, rote Kiemen und festes Fleisch haben. Auch hier gilt: Trauen Sie sich beim Fischhändler oder an der Fischtheke ruhig, nach dem Lieferdatum des Fischs zu fragen – insbesondere, wenn Sie Fisch roh verarbeiten wollen. Ein guter Händler wird Ihnen im Zweifel auch einmal davon abraten, diesen oder jenen Fisch roh zu verzehren.

DIE VORBEREITUNG – HERANGEHENSWEISE

Jeder von uns kennt das: Zum Wunschgericht fehlen nur Kleinigkeiten – wir laufen also schnell in den Supermarkt, um sie rasch zu holen. Dort angekommen, möchte uns partout nicht mehr einfallen, welche die letzten beiden der zehn Dinge waren, die wir kaufen wollten. Zur Vermeidung von derlei wenig mannhaften Situationen hilft der gute alte Einkaufszettel – oft verflucht, noch öfter gesucht, aber eine der hilfreichsten Erfindungen, seit es das Kochen gibt. Überwinden Sie den inneren Schweinehund und nehmen Sie sich vor dem Einkauf zehn Minuten, Stift und Papier. Ganz Eilige schießen mit ihrem Smartphone einfach ein Foto der Zutatenliste(n). Derlei Einkaufshilfen machen den Rest des Tages schön entspannt und strukturiert, Sie werden sehen.

Das ausgewählte Rezept sollten Sie natürlich bereits gelesen haben, ehe Sie den Weg zum Einkaufen antreten. Auch vor dem Startschuss ist die komplette Lektüre noch einmal Pflicht. Denn gibt es etwas Ärgerlicheres, als während der Zubereitung festzustellen, dass das Fleisch die Nacht viel lieber in einer leckeren Marinade verbracht hätte, als in Frischhaltefolie eingewickelt trostlos im Kühlschrank zu liegen? Oder die Linsen im Topf anzuflehen, sie mögen doch bitte, bitte endlich weich werden, was sie klaglos getan hätten, wenn wir die kleinen Hülsenfrüchte vergangene Nacht eingeweicht hätten? Nein, solche Pannen vermeiden wir kochenden Männer natürlich.

Die Profis nennen es „Mise en Place", das Vorbereiten des Arbeitsplatzes in der Küche. Das „An-den-richtigen-Ort-Stellen" ist eine durchaus erwägenswerte Methode, um in der Küche während der Zubereitung für einen reibungslosen Ablauf zu sorgen. Wir weisen Köche stellen uns also vorab alle Zutaten, Gewürze und Küchenutensilien zusammen, die wir für die Zubereitung brauchen.

DIE LAGERUNG VON PRODUKTEN

Unser kleiner, aber solider Bestand an haltbaren Vorräten in der Kammer enthält Fertig-Teigwaren, Reis, Hülsenfrüchte, Konserven und Co. Aber auch Kartoffeln und Zwiebeln lagern hier dunkel, kühl und trocken. Wer Ordnung hält und nach Produktgruppen sortiert, sieht schnell, was spontan verwendet werden kann oder auch fehlt und nachgekauft werden muss.

Wenn Sie Vorräte auffüllen, achten Sie (wie in den Regalen der Supermärkte) darauf, die „älteren" Produkte mit bald endendem Haltbarkeitsdatum immer nach vorne zu stellen. Und schauen Sie alle sechs bis acht Wochen einfach mal in Ihre Schränke sowie in Kühl- und Tiefkühlfach, um die Vorräte nicht in Vergessenheit geraten zu lassen und um aus ihnen ein leckeres Gericht zu kreieren.

Ihr Kühlschrank darf der sauberste Küchenort sein, denn hier lagern schnell und leicht verderbliche Lebensmittel. Seine Temperatur sollte zwischen 2 und 10 °C liegen, wobei es im unteren Bereich kälter ist als in den oberen Fächern. Wurst, Fleisch und Fisch fühlen sich in den kältesten Zonen am wohlsten, im mittleren Bereich lagern Sie Milchprodukte. Käse und Reste vom Vortag finden im oberen Bereich ihren Platz. Obst und Gemüse haben meist spezielle Fächer. Wer Keimen von Beginn an den Kampf ansagt, wäscht und trocknet sein Gemüse gründlich, bevor es in den Kühlschrank wandert. Ich selbst lege die Gemüseschublade zusätzlich mit einer Lage Küchenpapier aus.

Offene Lebensmittel verpacken Sie neu und bewahren sie luftdicht verschlossen auf – so bleibt alles hygienisch einwandfrei. Fleisch, das Sie erst am Folgetag zubereiten, sollten Sie aus der Verpackung nehmen, abtupfen und neu in Frischhaltefolie eingewickelt im Kühlschrank aufbewahren.

BŒUF

GARMETHODEN

—

Nach allen Vorbereitungen geht es nun zur Sache und in der Küche im wahrsten Sinne heiß her. Zur Kunst des Kochens gehört es nämlich, die verschiedenen Garmethoden theoretisch zu kennen und zu wissen, wie man sie praktisch richtig einsetzt. Die gesamte Klaviatur des Garens und seiner Varianten in Theorie und Praxis zu beherrschen, gibt uns Männern die Sicherheit und das gute Gefühl, das wir in der Küche brauchen. Hier unsere Garmethoden-Tonleiter der wichtigsten Zubereitungsarten:

BA WIE BACKEN

Als Backen verstehen wir das Garen von Teiggerichten wie Brot, Pizza, Kuchen und Plätzchen in der heißen Luft des Backofens bei Temperaturen von meist 150 bis 250 °C. Die Heißluft lockert den Teig, festigt ihn, bräunt seine Oberfläche und macht sie schön knusprig. Soufflés, Puddings und Aufläufe werden ebenso gebacken wie alles, was mit Teig bedeckt ist, also Pasteten, Pies oder Fleisch, Fisch und Gemüse im Teigmantel. Der Vorteil des Teigdeckels liegt darin, dass das darunter befindliche Gargut schön saftig bleibt und die Aromen sich nicht verflüchtigen können.

BLA WIE BLANCHIEREN:

Das Blanchieren ist eine Art Blitzkochen und eher als ein Vorbereitungsschritt zu sehen. Hierbei wird das Gargut in kochendem (Salz-) Wasser oder Dampf einige Sekunden oder Minuten angegart und anschließend sofort in eiskaltem Wasser abgeschreckt. Das Abschrecken unterbricht den Garprozess im Idealfall genau zum „al dente"-Zeitpunkt, wenn das Gargut also bissfest und noch leicht knackig ist. So behält insbesondere Gemüse eine schöne leuchtende Farbe. Anschließend wird es entsprechend weiterverarbeitet und zum Beispiel noch einmal kurz in Butter geschwenkt.

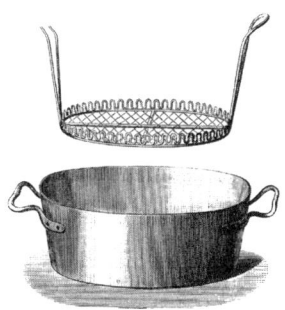

BRA WIE BRATEN

Das Braten ist eine der ältesten Kochtechniken der Welt – auf den Punkt gebracht heißt es Garen ohne Flüssigkeit bei starker Hitze. Wichtig ist, der Pfanne gut einzuheizen, bevor das Gargut hineinkommt. Scharfes Anbraten schließt die Poren und verhindert, dass zu viel Flüssigkeit zum Beispiel aus dem leckeren Steak austritt. Angenehmer Nebeneffekt ist die rasche Röststoffbildung, die für den richtigen Geschmack sorgt. Wichtig: Braten Sie größere Mengen lieber portionsweise nach und nach, damit die Hitze in der Pfanne konstant hoch bleibt.

DÄ WIE DÄMPFEN:

Beim Dämpfen wir das Gargut über heißem Wasserdampf gegart. Neben Gemüse eignen sich für diese Zubereitungsart auch Fisch und Getreideprodukte. Das Dämpfen ist eine sehr schonende Garmethode, bei der viele wichtige Vitamine und Nährstoffe erhalten bleiben. Der Handel hält für diesen Zweck Töpfe mit integriertem Dämpfeinsatz, variable Dämpfeinsätze und auch spezielle Dampfdrucktöpfe, Dampfgarer und Kombi-Dampfgarer bereit. Diese Geräte ermöglichen trockene Hitze mit Dampf zu kombinieren, um perfekte Garergebnisse zu erzielen.

DÜ WIE DÜNSTEN:

Das Dünsten ist eine sehr gesunde und fettarme Zubereitungsmethode. Hierbei werden die Produkte in wenig Flüssigkeit – zumeist Wasser, Fond, Brühe oder Wein – schonend bei mittlerer Hitze gegart und behalten dabei den Eigengeschmack sowie die enthaltenen Vitamine und Mineralstoffe. Gerne dünstet man aus diesem Grund Lebensmittel mit höherem eigenen Wassergehalt, wie Gemüse oder Fisch. Erst anschließend wird das Gargut mit Salz und Pfeffer abgeschmeckt.

FRI WIE FRITTIEREN:

Das Frittieren ist nichts anderes als das Ausbacken in hitzebeständigem heißem Fett in Topf, tiefer Pfanne oder Fritteuse. Die Zubereitungsart eignet sich für kleinere Fisch-, Fleisch- und Gemüsestücke. Das Fett wird zuvor auf Temperaturen zwischen 180 und 200 °C erhitzt. Das Gargut geben Sie gut getrocknet (damit es nicht spritzt) und wohlportioniert (damit die Temperatur des Fetts nicht zu stark sinkt) hinein. Nach dem Frittieren das Abtropfen auf Küchenpapier nicht vergessen.

GRI WIE GRILLEN:

Das Garen über der heißen Glut ist fast so alt wie die Menschheit. Heutzutage wird das Grillgut nicht nur auf dem Rost über glühenden Kohlen zubereitet, sondern gerne auch auf dem Gas- oder Elektrogrill. Temperaturen von bis zu 300 °C garen und bräunen Fleisch, Fisch und Gemüse. Immer mehr in Mode kommt aber auch das indirekte Grillen bei niedrigerer Hitze.

KO WIE KOCHEN:

Das Kochen ist die einfachste und neben dem Braten weltweit ganz gewiss populärste Art des Garens. Hier wird Flüssigkeit auf mindestens 100 °C erhitzt und feste Zutaten, wie zum Beispiel große Fleischstücke, Kartoffeln, Suppengrün, Nudeln oder Reis, werden darin bis zu ihrem Garpunkt, das heißt, bis sie weich und essfertig sind, gegart.

PFA UND WO WIE PFANNENRÜHREN ODER WOKKEN

Pfannenrühren ist nichts anderes als das kurze Braten bei ständiger Bewegung des Garguts. Die zuvor in kleine Stücke geschnittenen Zutaten werden bei hoher Hitze in einer Pfanne (mit Kugelboden) unter gleichmäßigem Rühren rasch gegart. Der Vorteil ist, dass nichts verkocht, sondern Aromen und Vitamine ebenso erhalten bleiben wie zum Beispiel die Knackigkeit von Gemüse. Besonders beliebt ist die aus Asien stammende Methode der Zubereitung bei feinem Fleisch sowie Fisch- und Gemüsegerichten.

SCHMO WIE SCHMOREN:

Beim Schmoren wird das Gargut in einem Topf, einer tiefen Pfanne oder einem Bräter zunächst in heißem Fett rundherum angebraten und anschließend unter Zugabe von wenig Flüssigkeit bei geschlossenem Deckel fertig gegart. Schmoren eignet sich für Fleisch, das über einen längeren Zeitraum gegart werden muss, um richtig zart zu werden. Direkt in den Sinn steigt uns dabei der Duft von außen kräftig angerösteten saftigen Braten, Gulasch und Rouladen, die man nach dem Anbraten auch im heißen Backofen fertig garen kann.

RICHTIGES TISCHDECKEN

Spätestens wenn Gäste nahen, sollte nicht nur das Menü stimmen, sondern auch der Tisch schön gedeckt sein. Bei vielen von uns stellen sich in diesen Situationen jedes Mal aufs Neue Fragen wie diese: „Wie war das noch gleich? Lege ich das Besteck entsprechend der Menüfolge von außen nach innen oder von innen nach außen? Wo kam dieser Brotteller hin – rechts? Oder lag er doch links? Mist, eigentlich war das doch ganz einfach ...“

Und Sie haben recht – es IST einfach. Man muss es sich nur merken. Um diese Klippe zukünftig stets weltmännisch zu umschiffen, haben wir für Sie den perfekt gedeckten Tisch grafisch festgehalten. So haben Sie bei jeder noch so kleinen Erinnerungslücke immer eine Orientierungshilfe zur Hand.

MEIN TIPP:

Decken Sie den Tisch am besten schon einige Stunden bevor die Gäste eintreffen. So geraten Sie nicht ins Schleudern, falls die Gäste allzu pünktlich kommen oder es später in der Küche doch wieder einmal zeitlich etwas enger wird als geplant.

BRÜHE ANSETZEN

FÜR VIER MÄNNER

GEMÜSEBRÜHE – ZUBEREITUNGSZEIT: 30 Minuten (+ 1,5 Stunden Garzeit)

2 kg Gemüse (z. B. Möhren, Sellerie, Petersilienwurzeln, Lauch, Tomaten, Champignons usw.) nach Bedarf schälen, waschen und putzen, dann in grobe Stücke schneiden. **2 Zwiebeln** abziehen und ebenfalls grob schneiden. **1 Bund Petersilie** und **2–3 Zweige Thymian** waschen.

2 EL Olivenöl in einem hohen Topf erhitzen, das Gemüse tropfnass darin anschwitzen und mit **3–4 l Wasser** auffüllen. Petersilie, Thymian, **5 Wacholderbeeren, 1 Lorbeerblatt, 1 Nelke, 1 TL Salz** und **½ TL Pfefferkörner** hinzugeben. Das Ganze aufkochen und bei mittlerer Hitze ca. 1,5 Stunden langsam köcheln lassen.

Die Brühe durch ein feines Sieb in einen zweiten Topf gießen, nochmals kurz aufkochen und mit **Salz** und **Pfeffer aus der Mühle** abschmecken.

· ·

RINDERBRÜHE – ZUBEREITUNGSZEIT: 20 Minuten (+ ca. 2 Stunden Garzeit)

1 kg Suppenfleisch (z. B. Rinderbeinscheibe oder -brust) und **500 g Rinderknochen** kalt abspülen, mit **1 TL Wacholderbeeren, 1 Lorbeerblatt, 2 EL Salz** und **1 TL Pfefferkörnern** in einen hohen Topf geben, mit **3–4 l eiskaltem Wasser** auffüllen und langsam zum Kochen bringen. Dann die Hitze so weit reduzieren, dass die Brühe nur noch leicht simmert, aber nicht mehr kocht.

Währenddessen **1 Bund Suppengrün** (Möhren, Sellerie, Lauch) waschen, putzen und grob zerkleinern. **1 Zwiebel** abziehen und ebenfalls grob schneiden. **¼ Bund krause Petersilie** und **2–3 Zweige Thymian** waschen. Alles zur Brühe geben. Das Ganze ca. 2 Stunden garen, dabei sollte das Fleisch stets mit Wasser bedeckt sein. An der Oberfläche entstehenden Schaum immer wieder abschöpfen.

Die Brühe durch ein feines Sieb in einen zweiten Topf gießen, nochmals kurz aufkochen und mit **Salz** und **Pfeffer aus der Mühle** abschmecken.

MEIN TIPP:

Idealerweise die kochend heiße Brühe in saubere, sterilisierte Twist-off-Gläser füllen, mit dem Schraubdeckel sofort verschließen und auf den Kopf stellen. Die Gläser nach 5 Minuten mit Schwung wieder umdrehen, abkühlen lassen und an einem kühlen, dunklen Ort aufbewahren – so hält die Brühe mehrere Wochen.

Die Kür

FISCHFOND

FÜR VIER MÄNNER

ZUBEREITUNGSZEIT: 30 Minuten (+ ca. 1 Stunde Garzeit)

800 g gemischte Fischkarkassen (Gräten; z. B. von Seezunge, Steinbutt, Seeteufel, Lengfisch oder Kabeljau) mit einem großen Messer grob zerkleinern, in eine Schüssel geben und kalt abspülen, bis das Blut entfernt ist. Die Gräten in einem Sieb abtropfen lassen.

1 Zwiebel abziehen und ebenfalls grob schneiden. ¼ **Stange Lauch** (den hellen Teil) und **4 Stangen Staudensellerie** waschen, putzen und in grobe Stücke schneiden. ¼ **Bund glatte Petersilie** waschen.

1 Bio-Zitrone heiß abspülen, trockenreiben und mit einem Sparschäler zwei Streifen der Schale abschälen.

1 EL Butter in einem großen Topf erhitzen und Zwiebel, Lauch und Sellerie darin bei mittlerer Hitze anschwitzen. Karkassen hinzugeben, leicht anschwitzen und mit **200 ml Weißwein** ablöschen. Die Flüssigkeit fast vollständig verkochen lassen, dann mit **3–4 l Wasser** auffüllen. Petersilie, Zitronenschale, **1 Lorbeerblatt**, ¼ **Teelöffel Salz** und **5 Pfefferkörner** hinzugeben.

Den Fond bei mittlerer Hitze langsam aufkochen. Wenn er kocht, die Hitze auf ein Minimum reduzieren und alles 30–45 Minuten ziehen lassen. Den Schaum, der sich an der Oberfläche bildet, immer wieder abschöpfen.

Den Fond langsam durch ein feines Sieb in einen zweiten Topf gießen und nochmals kurz aufkochen, dann mit **Salz** und **Pfeffer aus der Mühle** abschmecken. Wer den Fond klar haben möchte, legt das Sieb mit einem Passiertuch oder einem Kaffeefilter aus.

MEIN TIPP:

Für einen Fischfond benutzt man in der Regel nur Gräten von hellen Fischen und helles Gemüse. Hier empfiehlt es sich, gleich etwas mehr zu kochen und den Fond portionsweise einzufrieren. Wenn Sie nämlich für ein Fischgerichte eine schnelle Sauce benötigen, kochen Sie den Fond einfach weiter ein, bis sein Geschmack kräftiger wird, würzen ihn nach Belieben und binden ihn mit wenig Speisestärke zur gewünschten Konsistenz ab. So wird aus Ihrem Fond rasch eine schöne Sauce, mit der Sie Ihre Fischgerichte einfach und geschmackvoll unterstützen.

. SAUCEN .

FÜR VIER MÄNNER

BRAUNE FLEISCHSAUCE – ZUBEREITUNGSZEIT: 10 Minuten (+ 2¾ Stunden Garzeit)

Den Backofen auf 230 °C Umluft (250 °C Ober- und Unterhitze/Gas Stufe 6) vorheizen. **1 kg Rinder-knochen** und **1 kg Kalbsknochen** im heißen Ofen ca. 30 Minuten stark rösten.

In der Zwischenzeit **1 Bund Suppengrün (Möhren, Sellerie, Lauch)** waschen, putzen und in grobe Stücke schneiden. **2 Zwiebeln** und **1 Knoblauchzehe** abziehen und ebenfalls grob schneiden.

4 EL Sonnenblumenöl in einem Bräter stark erhitzen, die Knochen hinzufügen und ebenfalls kräftig anrösten. Suppengrün, Zwiebel- und Knoblauchstücke dazugeben und kurz mitrösten, **3 EL Toma-tenmark** und **2 TL Zucker** einrühren und kurz karamellisieren. Mit **350 ml Rotwein** ablöschen und die Flüssigkeit bei mittlerer Hitze vollständig verkochen, bis der Topfinhalt wieder anbrät. Den Vor-gang mit weiteren **350 ml Rotwein** wiederholen.

¼ **l Wasser** angießen und die Flüssigkeit wieder verkochen lassen. Fleisch und Knochen mit **3 EL Mehl** bestäuben, dann **5 Wacholderbeeren, 2 Lorbeerblätter, 1 Nelke, 10 Pfefferkörner** und ¼ **TL Salz** unterrühren. Mit **kaltem Wasser** auffüllen, alles kurz aufkochen und langsam bei mittlerer Hitze ca. 2 Stunden köcheln lassen, dabei gelegentlich umrühren.

Sauce durch ein feines Sieb in einen zweiten Topf gießen, nochmals aufkochen und mit **Salz** und **Pfeffer aus der Mühle** abschmecken.

MEIN TIPP:

Die heiße Sauce in saubere, sterilisierte Twist-off-Gläser füllen, mit dem Schraubdeckel sofort verschlie-ßen und auf den Kopf stellen. Die Gläser nach 5 Minuten mit Schwung wieder umdrehen, abkühlen lassen und an einem kühlen, dunklen Ort aufbewahren. So hält sich die Sauce sauber eingeweckt ca. 3 Monate. Oder füllen Sie sie mit einem kleinen Trichter in Einweg-Eiswürfeltüten und frieren Sie diese ein.

BÉCHAMELSAUCE – ZUBEREITUNGSZEIT: 5 Minuten (+ 25 Minuten Garzeit)

1 EL Butter bei kleiner Hitze in einem Topf zerlassen, **1 EL Mehl** hinzugeben und mit dem Schneebesen zu einer Mehlschwitze gut verrühren.

¼ l **Milch** und ½ l **Brühe** angießen und das Ganze unter ständigem Rühren bei mittlerer Hitze aufkochen. Die Sauce ca. 20 Minuten bei leichter Hitze weiterköcheln lassen, dabei regelmäßig umrühren.

Die Béchamelsauce abschließend mit **1 Spritzer Zitronensaft**, etwas **frisch geriebener Muskatnuss, Salz** und **Pfeffer aus der Mühle** abschmecken.

MEIN TIPP:

Mehlschwitze immer mit kalter Flüssigkeit auffüllen, so bildet sie weniger Klümpchen. Falls dies trotzdem passiert, die Sauce mit einem Stabmixer gut pürieren und durch ein feines Sieb gießen.

Wichtig ist, dass eine mehlgebundene Sauce ca. 20 Minuten köchelt, damit sie perfekt bindet, aber auch um den Mehlgeschmack zu verkochen.

· ·

SHAKE-IT-VINAIGRETTE – ZUBEREITUNGSZEIT: 5 Minuten

100 ml hellen **Aceto balsamico**, 50 ml **Wasser**, 1 EL **Senf**, 1 TL **Zucker** sowie 200 ml **gutes Pflanzenöl** in ein Glas mit Twist-off-Schraubdeckel geben und mit **Salz** und **grob zerstoßenem Pfeffer** würzen. Das Glas gut verschlossen schütteln, bis sich der Zucker aufgelöst hat.

Varianten (Flüssiges mixen/Festes kleinschneiden):

VARIANTE 1: **Saft und Abrieb von 1 Bio-Orange**, ¼ **Bund Basilikum** (gehackt), 1 TL **Dijon-Senf**, 1 EL **Pinienkerne** (geröstet und gehackt), 50 ml **gutes Pflanzenöl**, 50 ml **Olivenöl**

VARIANTE 2: 2 EL **dunkler Aceto balsamico**, 1 EL **Cranberrys** (gehackt), 1 EL **Pflaumenmus**, 2 EL **Sojasauce**, ein wenig **Chilischote**, **Saft von 1 Orange**, etwas gehacktes **Koriandergrün**, etwas **Walnussöl**

VARIANTE 3: **Saft und Abrieb von 1 Bio-Zitrone**, 100 g **zerdrückte Erdbeeren**, 2 Stängel **Basilikum**, 2 EL **Ahornsirup**

BASIC-DIPS

FÜR VIER MÄNNER

MAYONNAISE – ZUBEREITUNGSZEIT: 10 Minuten

2 sehr frische Eigelbe mit **2 EL Weißwein**, **1 EL mittelscharfem Senf**, dem **Saft von ¼ Zitrone**, je **1 Prise Zucker** und **Salz** sowie etwas **Pfeffer aus der Mühle** glattrühren.

Nun langsam in einem dünnen Strahl **250–300 ml gutes Pflanzenöl** unter ständigem Rühren langsam einlaufen lassen, dabei die Rührrichtung gelegentlich wechseln. Am besten ein feuchtes Tuch unter die Schüssel legen, dann bleibt die Schüssel auf der Arbeitsfläche stabil und dreht nicht mit. So viel Öl einarbeiten, bis eine cremige Konsistenz entsteht. Zum Schluss die Mayonnaise mit **Salz** und **Pfeffer aus der Mühle** abschmecken.

MEIN TIPP:

Meine Ruckzuck-Mayo: Alle Zutaten mit der Hälfte des Öls in einen hohen Messbecher geben und mit einem Stabmixer gründlich mixen, dann langsam mehr Öl einlaufen lassen, bis die Mayo cremig ist. Mixer langsam herausziehen, Mayo würzen, nach Belieben verfeinern und abschmecken.

Je nach passendem Gericht können Sie auch das Pflanzenöl komplett oder zumindest einen Teil davon durch Trüffel-, Walnuss- oder Kürbiskernöl ersetzen.

Geschmacklich können Sie die Mayonnaise wahlweise z. B. auch mit fein gehacktem Knoblauch, Chiliwürfeln oder Safranfäden abrunden.

. . . .

REMOULADE – ZUBEREITUNGSZEIT: 25 Minuten

Für die Grundmayonnaise **3 sehr frische Eigelbe** mit **2 EL Weißwein**, **1 EL mittelscharfem Senf**, dem **Saft von ¼ Zitrone**, je **1 Prise Zucker** und **Salz** sowie etwas **Pfeffer aus der Mühle** glattrühren. In einem dünnen Strahl **250–300 ml gutes Pflanzenöl** einlaufen lassen, dabei ständig rühren und die Richtung gelegentlich wechseln. Die Konsistenz sollte bei Remoulade etwas dickflüssiger sein. Mit **Salz** und **Pfeffer aus der Mühle** abschmecken.

Für die Remoulade **1 Schalotte** abziehen und fein würfeln. **1 Bund Schnittlauch** waschen, trockenschütteln und fein schneiden. **2 Gewürzgurken** abtropfen lassen und fein würfeln. **2 hart-gekochte Eier** pellen, dann mit **4–5 Kapern** und **1 Sardellenfilet (in Öl eingelegt)** fein hacken. Alles unter die Mayonnaise rühren und das Ganze mit **2 EL Gewürzgurkensud**, **Salz** und **Pfeffer** abschmecken.

KETCHUP – ZUBEREITUNGSZEIT: 30 Minuten (+ 40 Minuten Garzeit)

1,5 kg reife Tomaten (alternativ geschälte Tomaten aus der Dose) waschen und ohne Stielansatz kleinschneiden. Die Stücke in einem Sieb über einer Schüssel abtropfen lassen, dabei den Saft auffangen.

1 kleine rote Chilischote längs halbieren, entkernen und in kleine Würfel schneiden. **1 kleines Stück frische Ingwerwurzel (max. ½ TL fertig gehackt)** schälen und fein hacken. **1 Schalotte** und **1 Knoblauchzehe** abziehen und in feine Würfel schneiden.

Etwas **Rapsöl** in einem Topf erhitzen und Knoblauch- sowie Schalottenwürfel darin bei mittlerer Hitze langsam anrösten. Chiliwürfel, gehackten Ingwer, **200 g braunen Zucker** und **1 TL Paprikapulver edelsüß** dazugeben, dann alles leicht erwärmen.

Abgetropfte Tomaten hinzufügen, das Ganze aufkochen und bei kleiner Hitze ca. 30 Minuten köcheln lassen.

Kleine Bügelverschlussflaschen mit Wasser ausspülen und im Ofen bei 100 °C Umluft (100 °C Ober- und Unterhitze/Gas Stufe 1) ca. 10 Minuten sterilisieren.

In der Zwischenzeit Tomaten mit dem Stabmixer pürieren, durch ein feines Sieb in einen anderen Topf passieren und noch einmal aufkochen. Den aufgefangenen Tomatensaft mit **1 EL Speisestärke** verrühren. Das Ketchup mit der Stärke leicht binden und weitere 3 Minuten köcheln lassen.

Das heiße Tomatenketchup durch einen Trichter in 3–4 warme, aber nicht mehr heiße Bügelverschlussflaschen füllen. Die Flaschen sofort verschließen, auf den Kopf stellen und nach 5 Minuten mit Schwung wieder umdrehen.

MEIN TIPP:

Ketchup vor dem Abfüllen in 3–4 Geschmacksrichtungen verändern, z. B.
1 x mit Cranberrys und Jalapeños,
1 x mit Currypulver, Mango und Teriyaki-Sauce,
1 x mit grobem Steakpfeffer und Pflaumenmus – für die Freaks auch mit etwas Cola,
Sojasauce, süßem Senf und mehr Chilischote.

KLEIN BEIGEBEN

Snacks & Vorspeisen

25

JAKOBSMUSCHELN
auf Gurken-Tatar

Für vier Männer:

Für das Tatar:
- 2 Salatgurken
- 1 Banane
- 1 rote Zwiebel
- 1 Bund Frühlingszwiebeln
- 1 Chilischote
- 8 Minzeblätter
- Saft von 1 Zitrone
- 2 EL Sesamöl
- Salz

Für die Muscheln:
- 12 Jakobsmuscheln, ausgelöst
- Olivenöl zum Braten
- 1 TL Butter
- Fleur de Sel

ZUBEREITUNGSZEIT: 20 Minuten (+ 15 Minuten Ruhezeit)

- Die Salatgurken waschen, schälen und die Enden abschneiden. Die Gurken längs halbieren und mit einem Löffel die Kerne herauskratzen. Die Hälften in kleine Würfel schneiden. Die Banane schälen und ebenfalls würfeln.

- Die Zwiebel abziehen und in feine Würfel schneiden. Frühlingszwiebeln waschen, putzen und schräg in dünne Ringe schneiden. Die Chilischote längs halbieren, entkernen und in kleine Würfel schneiden. Minzeblätter waschen, trockenschütteln und fein hacken.

- Gurken-, Bananen- und Zwiebelwürfel, Frühlingszwiebelringe, Chiliwürfel und gehackte Minze in einer Schüssel mit Zitronensaft und Sesamöl vermengen. Das Tatar mit etwas Salz abschmecken und ca. 15 Minuten ziehen lassen.

- In der Zwischenzeit die Jakobsmuscheln kalt abwaschen und mit Küchenpapier trockentupfen. Eine Pfanne erhitzen, mit etwas Olivenöl einfetten und die Jakobsmuscheln darin von jeder Seite ca. 1 Minute braten. Die Butter dazugeben, die Pfanne vom Herd nehmen und die Muscheln 2–3 Minuten garziehen lassen.

- Das Gurken-Tatar auf Teller verteilen, Jakobsmuscheln auflegen, erst jetzt mit etwas feinem Fleur de Sel würzen und servieren.

MEIN TIPP:

Nutzen Sie das feine Meersalz (Fleur de Sel) nicht zum Kochen, sondern verfeinern Sie Ihre Gerichte kurz vor dem Servieren mit einer Prise davon. So kommen Geschmack und Optik am besten zur Geltung. Lagern Sie Fleur de Sel im Kühlschrank, so behält es seine angenehme Feuchtigkeit und das volle Aroma.

— GEBACKENE —
BLUTWURST-RAVIOLI

Für vier Männer:

Für den Teig:
-200 g Mehl
-Salz
-3 Eigelbe
-1 Ei
-1 EL Olivenöl
-Mehl für die Arbeitsplatte

Für die Füllung:
-150 g Blutwurst
-100 g Sauerkraut
-2 EL Apfelmus
-1 EL Crème fraîche
-2 EL Kartoffelpüree
  (Instantflocken)
-Pfeffer aus der Mühle
-1 Eigelb zum Bestreichen

Für die Beilage:
-2 mittelgroße Kartoffeln
-1 Apfel
-1 rote Zwiebel
-1 Bund feiner Rucola
-Olivenöl zum Braten
-Fleur de Sel

ZUBEREITUNGSZEIT: 45 Minuten (+ 25 Minuten Garzeit)

- Für den Teig Mehl und 1 Prise Salz in einer Schüssel gut vermischen, Eigelbe, Ei und Olivenöl dazugeben. Das Ganze mit den Händen zu einem geschmeidigen Teig verkneten. Den Teig zu einer Kugel formen, in Frischhaltefolie einwickeln und im Kühlschrank mindestens 30 Minuten ruhen lassen.

- In der Zwischenzeit für die Füllung die Blutwurst pellen und in sehr feine Würfel schneiden. Sauerkraut ebenfalls kleinschneiden und zusammen mit Blutwurst-würfeln, Apfelmus, Crème fraîche und Kartoffelpüreeflocken verrühren, dann mit Salz und Pfeffer würzen.

- Den Nudelteig auswickeln, in 12–16 gleich große Stücke teilen und zu kleinen Kugeln rollen. Die Kugeln nacheinander auf der leicht bemehlten Arbeitsfläche mit einem Nudelholz dünn ausrollen. Die Teigplatten in 8 x 8 Zentimeter große Qua-drate schneiden, jeweils einen Löffel der Masse mittig aufsetzen, die Ränder mit verquirltem Eigelb einpinseln, den Teig über der Füllung diagonal Spitze auf Spitze zusammenklappen und die Ränder gut andrücken.

- In der Zwischenzeit reichlich Wasser erhitzen, salzen und die Ravioli darin portions-weise ca. 5 Minuten garen. Herausnehmen, abtropfen lassen, mit Küchenpapier trockentupfen und beiseitestellen.

- Die Kartoffeln schälen, waschen und in Stifte schneiden. Apfel waschen, vierteln, entkernen und in Spalten schneiden. Zwiebel abziehen, längs halbieren und in Strei-fen schneiden. Rucola verlesen, waschen und trockenschleudern.

- Das Olivenöl in einer Pfanne erhitzen und die Kartoffelstifte darin bei mittlerer Hitze 8 Minuten goldbraun braten. Apfelspalten und Zwiebelstreifen dazugeben und 4–5 Minuten mitbraten, dann das Ganze mit Salz und Pfeffer abschmecken. In der Zwischenzeit in einer zweiten Pfanne ebenfalls etwas Olivenöl erhitzen und die Ravioli darin portionsweise bei mittlerer Hitze kurz von beiden Seiten anbraten.

- Den Rucola unter die Kartoffeln heben, dann die Mischung auf tiefe Teller verteilen. Ravioli auflegen und das Ganze mit etwas Fleur de Sel und Pfeffer bestreut servieren.

FRÜHLINGSROLLEN

Für vier Männer:

Für die Rollen:
- 3 Möhren
- 1 Stange Lauch
- 2 Stangen Staudensellerie
- 4 Stängel glatte Petersilie
- 4 EL gesalzene Erdnüsse
- Rapsöl zum Braten
- Salz, Pfeffer aus der Mühle
- 50 g frische Mungobohnen-
  sprossen (oder Sojasprossen)
- 8 Blätter Frühlingsrollenteig
- 1 Eiweiß

Für den Dip:
- 1 rote Chilischote
- 5 EL Ketchup
- 3 EL Teriyaki-Sauce
- 1 EL brauner Zucker
- 1 EL Zitronensaft
- Salz, Pfeffer aus der Mühle

ZUBEREITUNGSZEIT: 25 Minuten (+ 10 Minuten Garzeit)

- Die Möhren schälen, dann mit Lauch und Staudensellerie waschen, putzen und in feine längliche Streifen schneiden. Die Petersilie waschen und trockenschütteln, Blätter abzupfen, zu einer Rolle aufdrehen und fein schneiden.

- Möhren-, Lauch- und Selleriestreifen mit den Erdnüssen in wenig Rapsöl kurz und scharf anbraten, dann mit Salz und Pfeffer abschmecken. Petersilie und Mungo-bohnensprossen untermengen. Das Ganze auf einem großen flachen Teller abkühlen lassen.

- Die Frühlingsrollenteigblätter auf der Arbeitsfläche nebeneinander diagonal aus-breiten und das Gemüse in acht gleich großen Portionen mittig darauf verteilen. Die Ränder rundherum mit Eiweiß bestreichen. Den Teig einmal von vorne nach hinten Spitze auf Spitze über das Gemüse schlagen. Die äußeren Ecken zur Mitte hin ein-schlagen, wieder alles mit Eiweiß bestreichen und die Teigblätter stramm aufrollen. Die Rollen in einer Pfanne mit reichlich heißem Rapsöl langsam goldbraun braten.

- Für den Dip die Chilischote längs halbieren, nach Belieben entkernen und in kleine Würfel schneiden. Die Chiliwürfel mit den restlichen Dipzutaten verrühren, dann mit Salz und Pfeffer abschmecken.

- Die Frühlingsrollen auf Küchenpapier kurz abtropfen lassen und mit dem Dip servieren.

MEIN TIPP:

Bei der Füllung können Sie nach Belieben variieren und die Rollen zum Beispiel auch mit Ananasstücken, gebratenem Hähnchenfleisch, Tofu oder auch einmal süß füllen.

Wer möchte, kann die Röllchen auch mit kleineren Teigblättern zubereiten und sie als Fingerfood servieren.

RINDER-CARPACCIO

Für vier Männer:

Für das Carpaccio:
- 300 g Rinderfilet
  (ohne Fett und Sehnen)
- 1 Bund feiner Rucola
- 150 g Parmesan am Stück
- 100 g Pinienkerne
- 5 EL Olivenöl
- Salz, Pfeffer aus der Mühle
- 2 EL Anislikör
  (z. B. Sambuca)
- Saft und Abrieb von
  1 Bio-Zitrone

Außerdem:
- Flambierbrenner

ZUBEREITUNGSZEIT: 15 Minuten (+ 1 Stunde Gefrierzeit)

- Das Rinderfilet in Frischhaltefolie stramm einwickeln und mindestens 1 Stunde im Tiefkühlfach anfrieren lassen.

- Den Rucola verlesen, waschen und trockenschleudern. Vom Parmesan mit einem Sparschäler breite Streifen abhobeln. Die Pinienkerne in einer Pfanne ohne Fett bei mittlerer Hitze langsam goldbraun rösten. Die Kerne in eine Schüssel umfüllen und abkühlen lassen.

- Vier Teller mit etwas Olivenöl dünn einpinseln, dann mit Salz und Pfeffer bestreuen. Das Fleisch aus der Folie wickeln und mit einem großen, sehr scharfen Messer quer zur Faser in dünne Scheiben schneiden (siehe Tipp). Die Scheiben zwischen zwei Frischhaltebeutel legen und mit einem Nudelholz dünner rollen. Das plattierte Fleisch fächerförmig auf den Tellern auslegen.

- Restliches Olivenöl mit Anislikör, Zitronensaft und -abrieb kräftig verquirlen und die Rindfleischscheiben damit einpinseln. Das Carpaccio mit dem Flambierbrenner leicht abflämmen.

- Das geflämmte Carpaccio mit Rucola, Parmesanspänen sowie gerösteten Pinienkernen bestreut servieren.

MEIN TIPP:

Perfekt lässt sich Carpaccio mit der Aufschnittmaschine schneiden. Dazu das Filet in ein Stück Frischhaltefolie fest einrollen, damit es sich rund formt. Das Fleisch ca. 1,5 Stunden im Tiefkühlfach einfrieren. Folie entfernen und das Fleisch hauchdünn schneiden. Schon häufiger hatte ich den Fall, dass gerade die Damen kein rohes Fleisch mögen. Daher hier die leicht gegarte Variante – aber das Rinderfilet nicht zu lange abflämmen! Das Fleisch sollte von sehr guter Qualität sein. Lassen Sie sich ein Stück aus der Mitte geben. Am besten, Sie sagen dem Metzger beim Einkauf, dass Sie das Fleisch roh verzehren möchten.Wer eine vegetarische Variante lieber mag, kann anstelle von Rindfleisch auch ein paar gelbe und grüne Zucchini verwenden. Diese gründlich waschen, putzen, trocknen, ohne Enden fein hobeln und farblich abwechselnd auf dem Teller verteilen.

MATJES

AUF GEBRATENEM APFEL

Für vier Männer:

Für die Sauce:
- 2 rote Zwiebeln
- 4 kleine Gewürzgurken
- 2 säuerliche Äpfel
- 250 g Crème fraîche
- 3–4 EL Sahne
- 2 EL Gewürzgurkensud
- 1 TL Dijon-Senf
- Zucker
- Salz, Pfeffer aus der Mühle

Für Matjes, Apfel
und Kartoffeln:
- 1 kg neue kleine Kartoffeln
- 3 kleine süß-säuerliche Äpfel
- 2 EL Butter
- 6 doppelte Matjesfilets
- Petersilienblättchen zum
  Garnieren
- 4 Schnäpse zum Nachspülen
  (nach Bedarf und Belieben)

Außerdem:
- Apfelausstecher
- Zahnstocher

ZUBEREITUNGSZEIT: 30 Minuten (+ 15–18 Minuten Garzeit)

- Für die Sauce Zwiebeln abziehen, längs halbieren und in feine Streifen schneiden. Gewürzgurken längs halbieren und quer in schräge Scheiben schneiden. Äpfel waschen, vierteln, entkernen und in dünne Scheiben schneiden. Crème fraîche mit Sahne, Essiggurkensud und Dijon-Senf verrühren. Zwiebelstreifen, Gurken- und Apfelscheiben unterrühren und das Ganze mit 1 Prise Zucker, Salz und Pfeffer würzen.

- Die Kartoffeln gut waschen und mit Schale in gesalzenem Wasser bei mittlerer Hitze 15–18 Minuten weich garen.

- In der Zwischenzeit die Äpfel waschen, mit einem Apfelausstecher entkernen und quer in jeweils 4 Scheiben schneiden. Apfelscheiben in einer Pfanne in etwas Butter bei kleiner Hitze von beiden Seiten ca. 3 Minuten braten, dann mit 1 Prise Zucker, Salz und Pfeffer würzen. Die weich gegarten Kartoffeln abgießen und kurz ausdampfen lassen.

- Auf jeden Teller mittig drei Apfelscheiben legen, doppelte Matjesfilets der Länge nach teilen, aufrollen, mit einem Zahnstocher fixieren und auf die Apfelscheiben setzen. Die Sauce darüber verteilen und das Ganze mit Petersilie garniert servieren. Die Pellkartoffeln separat dazu reichen.

MEIN TIPP:

Ich koche meine Pellkartoffeln immer mit ein wenig Kümmel und Öl. Dann schmecken sie aromatischer und lassen sich durch das Öl leichter pellen. Frische, neue Kartoffeln kann man, wenn sie vorher gut gewaschen wurden, auch mit Schale essen, „ältere" Kartoffeln sollten vorher immer gepellt werden.

WURSTSALAT

Für vier Männer:

Für den Salat:
- 500 g gemischte Wurst
  (z. B. Cabanossi, Fleisch-
  wurst, Lyoner, Landjäger,
  Wiener)
- 1 TL Pfeffer, grob zerstoßen
- 1 Bund Radieschen
- 4–5 mittelgroße Gewürzgurken
- 2 rote Zwiebeln
- 1 Bund glatte Petersilie
- 1 Beutel Pflücksalat (100 g)

Für das Dressing:
- 2–3 EL Olivenöl
- 2 EL heller Aceto balsamico
- 1 EL süßer Senf
- 1 Spritzer flüssiger Süßstoff
- Salz

ZUBEREITUNGSZEIT: 20 Minuten (+ 5 Minuten Garzeit)

- Die Wurst leicht schräg in dünne Scheiben schneiden. Cabanossischeiben in einer kalten Pfanne erhitzen und bei mittlerer Hitze leicht anbraten. Übrige Wurstscheiben in einer Schüssel mit gerösteter Cabanossi samt ausgetretenem Fett und grob zerstoßenem Pfeffer durchmengen.

- Die Radieschen gründlich waschen, putzen und ohne Wurzelansatz in Scheiben schneiden. Gewürzgurken ebenfalls in dünne Scheiben schneiden. Zwiebeln abziehen, längs halbieren und in feine Streifen schneiden. Petersilie waschen und trockenschütteln, Blätter abzupfen, zu einer Rolle aufdrehen und fein schneiden. Radieschen- und Gurkenscheiben, Zwiebelstreifen und gehackte Petersilie zur Wurst in die Schüssel geben.

- Öl, Essig, Senf, Süßstoff und 1 Prise Salz in einem hohen Rührbecher mit dem Stabmixer kurz verquirlen, dann über den Wurstsalat geben. Alles gut durchmengen und noch einmal mit Salz abschmecken.

- Den Pflücksalat verlesen, waschen, trockenschleudern und auf die Teller verteilen. Den Wurstsalat darauf anrichten und sofort servieren. Dazu passen ofenfrische Laugenbrezeln.

MEIN TIPP:

Wer in einem Rezept Gewürzgurken verwendet, kann ruhig etwas von dem Gurkensud hinzugeben, dieser unterstützt den Geschmack.

– FENCHELSALAT –

MIT GRAPEFRUIT

Für vier Männer:

Für den Salat:
-2 Fenchelknollen
-2 Grapefruits
-100 g kleine Kirschtomaten
-2 Schalotten
-150 g dünne pikante
 Salamisticks mit Paprika
-¼ Bund Koriandergrün
-50 g Cashewkerne
-Salz, Pfeffer aus der Mühle

Für die Marinade:
-1 Vanilleschote
-Saft von 2 Zitronen
-2 EL gutes Olivenöl
-1 EL brauner Zucker

ZUBEREITUNGSZEIT: 25 Minuten

- Den Fenchel waschen, putzen, längs halbieren und den Strunk keilförmig herausschneiden. Die Hälften – am besten mit der Aufschnittmaschine oder auf einem scharfen Gemüsehobel – in sehr feine Streifen schneiden. Die Fenchelstreifen in eine Schüssel geben.

- Für die Marinade die Vanilleschote längs einritzen und das Mark herauskratzen. Vanillemark samt Schote mit Zitronensaft, Olivenöl und braunem Zucker in einem Topf kurz aufkochen, alles gut verrühren, Vanilleschote wieder entfernen und die Marinade über den Fenchel gießen.

- Die Schale der Grapefruits mitsamt der weißen Haut mit einem scharfen Messer herunterschneiden. Die Filets zwischen den weißen Trennhäutchen herausschneiden.

- Die Kirschtomaten waschen und halbieren. Schalotten abziehen und in feine Streifen schneiden. Salamisticks schräg in dünne Scheiben schneiden.

- Den Koriander waschen, trockenschütteln, die Blättchen kleinzupfen und mit Grapefruitfilets, Tomatenhälften, Schalottenstreifen und Salamischeiben zum Fenchel in die Schüssel geben.

- Die Cashewkerne in einer beschichteten Pfanne ohne Fett bei mittlerer Hitze langsam goldbraun rösten und unter den Salat heben.

- Den Fenchelsalat noch einmal gut vermengen und mit Salz und Pfeffer abgeschmeckt servieren.

MEIN TIPP:

Wer möchte, kann auch noch ein paar Schafskäsewürfel dazugeben. Wer es vegetarisch mag, lässt die Salami weg und serviert das Ganze stattdessen mit Avocadospalten.

BROTSALAT

– MIT ROTEN ZWIEBELN –

Für vier Männer:

Für den Salat:
- 1 Salatgurke
- 250 g kleine Kirschtomaten
- 2 rote Zwiebeln
- 5 getrocknete Feigen
- 1 Bund Basilikum
- 1 Bund Rucola
- 6 dünne Scheiben Serrano-
  Schinken
- 1 Knoblauchzehe
- 500 g Ciabatta
  (am besten vom Vortag)
- 50 g Pinienkerne
- 2–3 EL gutes Olivenöl
- 100 g kleine Kugeln
  Mozzarella
- Salz, Pfeffer aus der Mühle

Für das Dressing:
- 2–3 EL gutes Olivenöl
- 2 EL heller Aceto balsamico
- 1 EL Honig
- Salz
- 1 TL Pfefferkörner, grob
  zerstoßen

ZUBEREITUNGSZEIT: 25 Minuten (+ 4–5 Minuten Garzeit)

- Die Salatgurke waschen, Enden abschneiden, Gurke leicht schälen, längs halbieren und mit einem Löffel die Kerne entfernen. Gurkenhälften in Scheiben schneiden. Tomaten waschen und halbieren. Zwiebeln abziehen, längs halbieren und in Streifen schneiden. Feigen in dünne Scheiben schneiden. Basilikum waschen, trockenschütteln und die Blätter in kleine Stücke zupfen.

- Für das Dressing Olivenöl, Essig, Honig, 1 Prise Salz und groben Pfeffer in einer Schüssel gut verquirlen. Gurkenscheiben, Tomatenhälften, Zwiebelstreifen, Feigenscheiben und Basilikumstücke dazugeben und alles gut vermengen.

- Den Rucola verlesen, waschen, trockenschleudern und in kleine Stücke zupfen, Serrano-Schinken ebenfalls in kleine Stücke reißen. Knoblauch abziehen und fein würfeln. Ciabatta in mundgerechte Würfel schneiden.

- Die Pinienkerne in einer beschichteten Pfanne ohne Fett bei mittlerer Hitze langsam goldbraun rösten, dann zum Salat in die Schüssel geben.

- Das Olivenöl in einer Pfanne erhitzen und die Brotwürfel darin bei mittlerer Hitze 4–5 Minuten goldbraun rösten. Knoblauch hinzugeben und kurz mitrösten. Pfanneninhalt mit Serrano-Schinken, Rucola und Mozzarellakugeln zum Salat geben. Alles locker vermengen.

- Den Brotsalat noch einmal mit Salz und Pfeffer abschmecken und sofort servieren.

MEIN TIPP:

Wer den Salat lieber vegetarisch servieren möchte, kann den Serrano-Schinken weglassen oder durch kleine frische Ananasstücke ersetzen.

KARTOFFEL-CREMESUPPE

—

Für vier Männer:

Für die Suppe:
-600 g Kartoffeln
-Salz
-1 l Gemüsebrühe oder Wasser
-Muskatnuss, frisch gerieben
-150 g Sahne

Für die Einlage:
-100 g Lachsfilet (Sushiqualität)
-Pfeffer aus der Mühle
-2 Scheiben Frühstücksspeck
 (Bacon)
-1 Bund Schnittlauch
-4 TL Schmand
-1 TL Meerrettich

Außerdem:
-4 Anrichteringe

ZUBEREITUNGSZEIT: 20 Minuten (+ 15 Minuten Garzeit)

- Die Kartoffeln schälen, waschen, in kleine Würfel schneiden und bei mittlerer Hitze in Gemüsebrühe oder leicht gesalzenem Wasser ca. 15 Minuten weichkochen.

- In der Zwischenzeit für die Einlage den Lachs in sehr kleine Würfel schneiden, mit etwas Salz und Pfeffer würzen und im Kühlschrank abgedeckt kalt stellen. Frühstücksspeckscheiben halbieren und in einer beschichteten Pfanne bei mittlerer Hitze langsam kross braten. Schnittlauch waschen, trockenschütteln und in sehr feine Röllchen schneiden. Schmand mit Meerrettich in einer kleinen Schüssel verrühren.

- Zwei Schöpfkellen Kartoffelwürfel aus der Flüssigkeit herausfischen. Die abgetropften Würfel in einer Schüssel mit einer Gabel andrücken und mit Muskatnuss, Salz und Pfeffer würzen. Die restliche Suppe mit dem Stabmixer kurz pürieren. Sahne hinzugeben, alles noch einmal kurz aufkochen, dann mit Muskatnuss, Salz und Pfeffer kräftig abschmecken.

- Die angedrückte Kartoffelmasse in Anrichteringen mittig in tiefe Teller geben (Ringe noch nicht wieder abziehen) und die Lachswürfel auflegen. Rundherum vorsichtig die Suppe angießen – das funktioniert am besten mit einem Messbecher. Die Anrichteringe erst jetzt langsam vorsichtig nach oben abziehen. Abschließend den krossen Speck auflegen, je einen Klecks Meerrettich-Schmand aufsetzen und die Suppe mit Schnittlauchröllchen bestreut servieren.

MEIN TIPP:

Ich koche die Kartoffelsuppe klassisch nur mit Kartoffeln. Wer mag, kann natürlich auch anderes Gemüse hinzugeben. Allgemein sollte man bei Gemüsesuppen immer ein bis zwei Kartoffeln hinzugeben, die bringen der Suppe eine angenehme Bindung.

Wer möchte, kann die Einlage auch variieren und Lachs sowie Speck zum Beispiel durch eine gebratene Garnele, Büsumer Krabben oder gebratene Mettwurstwürfel ersetzen.

HACKBÄLLCHEN

im Glas

ZUBEREITUNGSZEIT: 30 Minuten (+ 20 Minuten Garzeit) – Für vier Männer

Für die Bällchen **2 kleine Weizenbrötchen (am besten vom Vortag)** in **200 g Sahne** ca. 15 Minuten einweichen. In der Zwischenzeit **1 große Zwiebel** und **2 Knoblauchzehen** abziehen und in sehr feine Würfel schneiden. **1 Bund glatte Petersilie** waschen und trockenschütteln, Blätter abzupfen, zu einer Rolle aufdrehen und fein schneiden.

500 g gemischtes Hackfleisch in eine Schüssel geben, Brötchen in der Sahne gut zerdrücken und komplett zum Hackfleisch geben. **2 Eier, 1 EL mittelscharfer Senf** und Petersilie hinzugeben, alles gut verkneten. Die Masse mit **Salz** und **1 EL grobem Steakpfeffer** kräftig würzen und zu kleinen Bällchen formen. Den Backofen auf 180 °C Umluft (200 °C Ober- und Unterhitze/ Gas Stufe 3–4) vorheizen.

In einer Pfanne **2–3 EL Pflanzenöl** erhitzen und die Hackbällchen darin bei mittlerer Hitze rundherum anbraten. Hackbällchen auf 4 Weckgläser (à 500 ml) verteilen.

Für die Sauce **1 rote Chilischote** waschen, halbieren, entkernen und in kleine Würfel schneiden. **500 g Pizzatomaten (aus der Dose)** in einer Schüssel mit den Chiliwürfeln mischen und mit **Saft von ¼ Orange, 1 Prise Zucker, Salz** und **Pfeffer aus der Mühle** gut abschmecken. Die Tomatensauce über den Hackbällchen verteilen und Deckel auf die Gläser auflegen.

Die Hackbällchen im Glas im heißen Ofen 20 Minuten backen.

Gläser aus dem Ofen nehmen, die Deckel abheben (Vorsicht, heiß!) und die Hackbällchen in den Weckgläsern servieren.

MEIN TIPP:

Variantenreich sind die kleinen Hackbällchen! Anstelle von gemischtem Hack könen Sie zum Beispiel auch Lammfleisch, Hähnchen oder sogar Fisch verwenden. Auch in den Geschmacksrichtungen sind Ihrer Kreativität keine Grenzen gesetzt. Anstelle von Petersilie probieren Sie einmal Koriander oder verfeinern das Ganze mit asiatischen oder orientalischen Gewürzen.

Wer eine vegetarische Variante bevorzugt, kann statt Fleisch auch gekochte Linsen oder Couscous verwenden. Ideal auch für unterwegs zum Picknick.

FLEISCHESLUST

Rind, Schwein & Co.

49

MISS RINDERFILET

Für vier Männer:

Für das Fleisch:
- 2 EL Rapsöl zum Braten
- 4 Scheiben Rinderfilet
  (à 200 g; aus der Mitte geschnitten und gleich groß)
- Salz, Pfeffer aus der Mühle

Für die Sauce:
- 2 Schalotten
- 1 Knoblauchzehe
- 1 TL Butter
- 2 EL grüne Pfefferkörner
  (eingelegt und abgetropft)
- 1 EL Weinbrand
- 400 g Sahne
- 1 Msp. Speisestärke
- 1 Bund Schnittlauch

ZUBEREITUNGSZEIT: 30 Minuten (+ 16 Minuten Garzeit)

- Den Backofen auf 130 °C Umluft (150 °C Ober- und Unterhitze/Gas Stufe 1) vorheizen. Öl in einer Pfanne erhitzen und das Rinderfilet darin von allen Seiten scharf anbraten. Herausnehmen, in eine Auflaufform legen und mit Salz und Pfeffer gut würzen. Filets im Ofen 15 Minuten fertig garen.

- In der Zwischenzeit für die Sauce Schalotten und Knoblauch abziehen und fein würfeln.Butter in der Fleischpfanne schmelzen. Pfefferkörner mit Schalotten- und Knoblauchwürfeln in der Pfanne anschwitzen, Weinbrand dazugeben und Flüssigkeit verkochen lassen. Sahne und Speisestärke glattrühren, dazugeben und alles ca. 8 Minuten köcheln lassen.

- In dieser Zeit den Schnittlauch waschen, trockenschütteln und in sehr feine Röllchen schneiden. Das Fleisch aus dem Ofen nehmen, mit dem ausgetretenen Bratensaft zur Sauce geben und alles nochmals bei mittlerer Hitze ca. 3 Minuten köcheln, dabei das Fleisch regelmäßig wenden.

- Die Filets auf Tellern anrichten und den Schnittlauch in die Sahne rühren. Die Sauce mit Salz und Pfeffer abschmecken und die Filets damit beträufelt servieren.

MEIN TIPP:

Dazu passen ein paar glasierte Fingermöhrchen. Dafür von 30 kleinen Bundmöhrchen das Grün bis auf 2 Zentimeter abschneiden. Möhrchen mit einem Stahlschwamm schrubben. Reichlich Salzwasser aufkochen und die Möhren darin je nach Größe 3–4 Minuten bissfest blanchieren. Herausheben, in Eiswasser abschrecken und abtropfen lassen. 1 EL Butter mit 2–3 EL Möhrensud in einer Pfanne aufkochen, mit frisch geriebener Muskatnuss, 1 Prise Zucker und Salz würzen. Möhrchen kurz vor dem Servieren in der Pfanne erhitzen. Der Sud sollte leicht cremig eingekocht sein und an den Möhrchen glänzen.

Dazu passen auch sehr gut die selbst gemachten Kartoffelrösti von Seite 122.

Anstelle von Filetstücken können Sie das Filet im Ganzen garen, dann braucht es bei 130 °C Umluft (150 °C Ober- und Unterhitze/Gas Stufe 1) ca. 35 Minuten.

MR. RUMPSTEAK

— MIT PAPRIKAKRAUT —

Für vier Männer:

Für die Butter:
-1 rote Chilischote
-1 Bund krause Petersilie
-3 EL Teriyaki-Sauce
-1 EL Dijon-Senf
-Abrieb von 1 Bio-Limette
-250 g weiche Butter
-1–2 TL Fleur de Sel

Für das Paprikakraut:
-1 rote Zwiebel
-1 Knoblauchzehe
-1 rote Chilischote
-2 rote Paprikaschoten
-2 EL Olivenöl
-2–3 EL Ajvar (Balkan-Creme
   aus Paprika und Aubergine;
   gibt es im Supermarkt)
-200 ml Crème fraîche
-200 ml Apfelsaft
-2 Dosen Sauerkraut (à ca. 300 g)
-1 Messerspitze Kümmelsamen
-1 EL Ahornsirup oder Honig
-Salz, Pfeffer aus der Mühle

Für das Fleisch:
-4 Rumpsteaks (à mind. 300 g)
-Rapsöl zum Braten

Außerdem:
-Eiswürfelform aus Silikon
   oder Backpapier

ZUBEREITUNGSZEIT: 30 Minuten (+ 30 Minuten Garzeit)

- Für die Butter Chilischote waschen, längs halbieren, entkernen und in kleine Würfel schneiden. Petersilie waschen, trockenschütteln, Blätter abzupfen und fein hacken. Chiliwürfel und Petersilie, Teriyaki-Sauce, Dijon-Senf und Limettenabrieb mit der Butter gut verrühren und das Ganze nach Belieben mit Fleur de Sel abschmecken.

- Die Butter idealerweise in Eiswürfelformen aus Silikon streichen – andernfalls mit den Händen in Form bringen und auf ein Stück Backpapier legen – und im Tiefkühlfach anfrieren lassen.

- In der Zwischenzeit für das Kraut Zwiebel und Knoblauch abziehen und fein würfeln. Chilischote und Paprikaschoten waschen, längs halbieren, entkernen und in kleine Würfel schneiden. Olivenöl in einem Topf erhitzen, Zwiebel- und Knoblauchwürfel darin bei mittlerer Hitze goldbraun anbraten. Chili- und Paprikawürfel sowie Ajvar hinzugeben und kurz mitschwitzen. Crème fraîche und Apfelsaft einrühren, dann Sauerkraut, Kümmel und Ahornsirup oder Honig dazugeben. Das Ganze bei mittlerer Hitze 30 Minuten köcheln lassen. Mit Salz und Pfeffer gut abschmecken.

- Den Backofen auf 130 °C Umluft (150 °C Ober- und Unterhitze/Gas Stufe 1) vorheizen.In der Zwischenzeit Rumpsteaks in einer Pfanne in etwas Rapsöl von allen Seiten scharf anbraten. Herausnehmen, in eine Auflaufform legen und mit Salz und Pfeffer gut würzen. Steaks im Ofen 25 Minuten fertig garen.

- Die Rumpsteaks aus dem Ofen nehmen und mit Alufolie abgedeckt kurz ruhen lassen. Ausgetretenen Bratensaft zum Sauerkraut geben.

- Die Steaks mit etwas Butter belegen und in Tranchen geschnitten auf vorgewärmten Tellern servieren. Das Sauerkraut dazu reichen. Dazu passen sehr gut die selbst gemachten Röstkartoffeln aus der Pfanne aus unserem Rezept von Seite 119.

MEIN TIPP:

Butterstückchen lassen sich prima auf Vorrat produzieren. Dazu die vollständig tiefgekühlten Stücke aus der Silikonform drücken und bis zur Verwendung in einem Frischhaltebeutel im Tiefkühlfach aufbewahren. Ideal auch zum Kochen, für Gemüse oder eine Sauce.

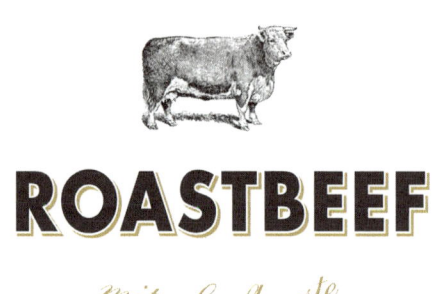

ROASTBEEF

mit Senfkruste

Für das Fleisch:
-Rapsöl zum Braten
-1,2 kg Roastbeef am Stück
 (ohne Fett und Sehnen)
-Salz
-Pfefferkörner, grob geschrotet

Für die Senfkruste:
-1 Bund krause Petersilie
-3 Zweige Thymian (alternativ
 Rosmarin)
-4 Scheiben Schwarzbrot
-6 EL Dijon-Senf
-¼ TL brauner Zucker
-1 EL weiche Butter
-Pfeffer aus der Mühle

ZUBEREITUNGSZEIT: 40 Minuten (+ 50 Minuten Garzeit)

- Das Rapsöl in einer Pfanne erhitzen und das Roastbeef darin rundherum scharf anbraten. Herausnehmen, in eine Auflaufform legen und von allen Seiten mit Salz und grob geschrotetem Pfeffer kräftig würzen. Den Backofen auf 130 °C Umluft (150 °C Ober- und Unterhitze/Gas Stufe 1) vorheizen.

- Für die Kruste Petersilie und Thymian oder Rosmarin waschen, trockenschütteln, Blätter beziehungsweise Nadeln abzupfen und fein hacken. Brot grob schneiden und mit der Küchenmaschine oder im Blitzhacker zerkleinern. Petersilie, Thymian, Brot, Senf, Zucker und Butter gut verrühren und die Masse mit Salz und Pfeffer würzen.

- Die Senfmasse auf dem Roastbeef verteilen und leicht andrücken. Das Fleisch im heißen Ofen ca. 40 Minuten garen.

- Das Fleisch aus dem Ofen nehmen und die Grillfunktion einschalten. Sobald der Ofen ausreichend heiß ist, die Roastbeefkruste weitere 2–3 Minuten gratinieren.

- Das Fleisch aus dem Ofen nehmen und mit Alufolie locker abgedeckt 2–3 Minuten ruhen lassen, dann in Scheiben aufschneiden und servieren.

MEIN TIPP:

Zu diesem Gericht passt ein Spargelfrikassee ganz hervorragend.

·BAROLO·

BRATEN

Für das Fleisch:

-1,5 kg Rinderhüfte am Stück

-Olivenöl zum Braten

-Salz, Pfeffer aus der Mühle

-1 EL Tomatenmark

-2 EL Mehl

-2 l Gemüse- oder Rinderbrühe

-200 g Pumpernickel

-1 EL Honig

-200 g tiefgekühlte
 Sauerkirschen

-1 TL Speisestärke
 (nach Belieben)

Für die Marinade:

-1 Bund Suppengrün (Möhren,
 Sellerie, Lauch)

-3 Zwiebeln

-2 Knoblauchzehen

-150 g Rosinen

-3 Zweige Rosmarin

-1 Lorbeerblatt

-3 Wacholderbeeren

-2 Nelken

-1 Stange Zimt

-1 TL grober Steakpfeffer

-1 ¼ Flaschen Barolo oder ähnlicher Rotwein (à 0,7 l;
 1 Flasche zum Kochen und
 ¼ zum Genießen beim
 Kochen ...)

ZUBEREITUNGSZEIT: 30 Minuten (+ 30 Minuten Garzeit)

- Am Vortag die Rinderhüfte in eine Schüssel legen. Suppengrün waschen, putzen und klein schneiden. Zwiebeln und Knoblauch abziehen und in grobe Würfel schneiden. Suppengrün, Zwiebel- und Knoblauchwürfel, die Hälfte der Rosinen sowie die restlichen Zutaten für die Marinade zum Fleisch geben – es muss komplett bedeckt sein. Das Ganze abgedeckt über Nacht im Kühlschrank kalt stellen.

- Am nächsten Tag den Backofen auf 170 °C Umluft (190 °C Ober- und Unterhitze/ Gas Stufe 3) vorheizen. Fleisch aus der Marinade heben und mit Küchenpapier abtupfen. Sud durch ein feines Sieb gießen und auffangen. Fleisch in einem Bräter im heißen Olivenöl von allen Seiten anbraten. Herausnehmen und mit Salz und Pfeffer würzen. Nun die abgetropfte Einlage im Bräter ebenfalls anrösten. Tomatenmark einrühren und kräftig mitrösten. Mit einem Drittel der Marinade ablöschen und die Flüssigkeit einkochen, bis sie karamellisiert. Mit Mehl bestäuben und gut durchrühren, dann mit restlicher Marinade und Gemüse- oder Rinderbrühe auffüllen und alles zum Kochen bringen.

- Den Pumpernickel in der Küchenmaschine oder im Blitzhacker zerkleinern, zwei Drittel davon mit dem Honig zur Sauce geben. Fleisch in den Sud legen, Deckel auflegen und das Ganze im heißen Ofen 2,5 Stunden garen. Ofen anschließend ausschalten.

- Das Fleisch aus dem Sud heben und in Alufolie gewickelt im ausgeschalteten Ofen warm halten. Sauce durch ein feines Sieb in einen neuen Topf gießen und aufkochen. Restliche Rosinen, Sauerkirschen und restlichen Pumpernickel hinzugeben und mit Salz und Pfeffer abschmecken. Die Sauce bei kleiner Hitze 15 Minuten ziehen lassen, kurz vor dem Servieren nochmals aufkochen und nach Belieben mithilfe von etwas mit wenig kaltem Wasser glatt gerührter Speisestärke binden.

- Das Fleisch in Scheiben aufgeschnitten auf Tellern anrichten und mit Sauce beträufelt servieren. Dazu passt wunderbar ein Rosenkohl-Gemüse.

– BŒUF –

Bourguignon

ZUBEREITUNGSZEIT: 30 Minuten (+ 3 Stunden Garzeit + mind. 8 Stunden Marinierzeit)

Für vier Männer:

Für das Fleisch:
- 1,5 kg Rindfleisch zum Schmoren
- 200 g durchwachsener Räucherspeck
- 2 Zwiebeln
- Rapsöl zum Braten
- Salz, Pfeffer aus der Mühle
- 1 EL Tomatenmark
- 2 EL Mehl
- 250 g Perlzwiebeln (aus dem Glas)
- Butter zum Braten
- 200 g Champignons
- Petersilie zum Bestreuen

Für die Marinade:
- 1 Zwiebel
- 1 Knoblauchzehe
- 3 Zweige Thymian
- 2 Stängel Petersilie
- 1 Lorbeerblatt
- 3 Wacholderbeeren
- 1 TL grober Steakpfeffer
- 1 Flasche Burgunder oder ähnlicher französischer Rotwein (à 0,7 l)

- Am Vortag das Rindfleisch mit Küchenpapier abtupfen, in 5 x 5 Zentimeter große Würfel schneiden und in eine Schüssel geben. Für die Marinade Zwiebel und Knoblauch abziehen und klein schneiden. Thymian und Petersilie waschen und trockenschütteln. Alle Marinadenzutaten zum Fleisch geben, mit dem Rotwein auffüllen, gut durchrühren, mit Frischhaltefolie abdecken und mindesten 8 Stunden – am besten über Nacht – ziehen lassen.

- Am nächsten Tag das Fleisch aus dem Sud nehmen (Sud aufbewahren!) und abtropfen lassen. Durchwachsenen Räucherspeck in Würfel schneiden. Zwiebeln abziehen, fein würfeln und mit den Speckwürfeln in einem Bräter ohne Fett langsam anbraten, dann herausnehmen.

- Das Rindfleisch mit Küchenpapier abtupfen und in etwas Rapsöl von allen Seiten scharf anbraten. Fleisch mit Salz und Pfeffer würzen, Tomatenmark einrühren und kurz mitrösten. Speck und Zwiebeln wieder dazugeben, mit Mehl bestäuben und alles gut durchrühren. Rotweinsud samt Einlage angießen und alles langsam zum Kochen bringen, dabei gelegentlich gut durchrühren. Hitze reduzieren, Deckel auflegen und das Fleisch bei kleiner Hitze ca. 2 Stunden köcheln lassen, dabei gelegentlich umrühren.

- Die Perlzwiebeln in einer Pfanne mit Butter langsam karamellisieren und zum Fleisch geben. Champignons mit Küchenpapier oder einem Pinsel trocken abreiben, Enden kappen und größere Köpfe halbieren. Pilze ebenfalls in der Pfanne in Butter anbraten, mit Salz und Pfeffer würzen und zum Fleisch geben. Alles weitere 20 Minuten kochen lassen, dann mit 1 Prise Zucker, Salz und Pfeffer abschmecken.

- Das Bœuf Bourguignon auf Tellern anrichten und mit Petersilie bestreut servieren. Dazu passen selbst gemachte Semmel- oder Baguetteknödel hervorragend.

MEIN TIPP:

Dies ist ein tolles Gericht, um es im Idealfall bereits am Vortag schon zuzubereiten. Denn dann entfaltet sich sein Aroma umso mehr. Anstelle von Rindfleisch können Sie zum Beispiel auch Lammfleisch verwenden.

BOLOGNESE

»Tomasio«

Für vier Männer:

Für die Sauce:
- 1,2 kg gemischtes Hackfleisch
- 5 EL Olivenöl zum Braten
- 3 rote Zwiebeln
- 2 Knoblauchzehen
- 3 EL Tomatenmark
- 1 EL Paprikapulver rosenscharf
- 2 Dosen gehackte Tomaten bzw. Pizzatomaten (à 400 g)
- 1 Lorbeerblatt
- 2 Zweige Thymian
- 3 Möhren
- ¼ Kopf Sellerie
- 1 Lauchstange
- Zucker
- Salz, Pfeffer aus der Mühle
- 1 Bund glatte Petersilie

Für die Nudeln:
- 750 g Spaghetti
- Parmesan, frisch gerieben
- frisches Baguette
- 4 Gläser Wein

ZUBEREITUNGSZEIT: 30 Minuten (+ 1 Stunde Garzeit)

- Das Hackfleisch in einem Topf mit dem Olivenöl bei starker Hitze scharf anbraten, dabei gut durchrühren, damit es bröselig wird. Zwiebeln und Knoblauch abziehen, fein würfeln und dazugeben. Tomatenmark einrühren, kurz kräftig mitbraten, dann das Ganze mit Paprikapulver bestäuben.

- Die gehackten Tomaten dazugeben, beide Dosen mit Wasser auffüllen und angießen. Lorbeerblatt und gewaschenen Thymian dazugeben, alles einmal aufkochen und dann bei kleiner Hitze 30 Minuten köcheln lassen, dabei gelegentlich durchrühren.

- Möhren und Sellerie schälen, mit dem Lauch putzen, waschen und in kleine Würfel schneiden. Gemüsewürfel zur Sauce dazugeben und mit 1 Prise Zucker, Salz und Pfeffer würzen. Das Ganze bei kleiner Hitze weitere 30 Minuten langsam köcheln lassen.

- In der Zwischenzeit die Spaghetti in reichlich Salzwasser nach Packungsangabe bissfest garen. Petersilie waschen, trockenschütteln, Blätter abzupfen und fein hacken.

- Die Nudeln abgießen und in eine große vorgewärmte Schüssel geben. Bolognese noch einmal mit Zucker, Salz und Pfeffer abschmecken, dann nach und nach zu den Nudeln geben und alles gut durchmengen. Abschließend Petersilie unterheben.

- Die Spaghetti auf tiefe Teller verteilen und mit frisch geriebenem Parmesan, Baguette und einem Glas Wein genießen.

MEIN TIPP:

Wer möchte, kann zusätzlich gehackte Chilischote dazugeben. Natürlich können Sie die Bolognese auch nach 30 Minuten fertig auf den Tisch bringen, jedoch braucht eine gute Sauce viel Liebe und etwas mehr Kochzeit. Wer mag, kann aus diesem Rezept schnell ein Chili zubereiten. Dazu einfach ein paar Kidneybohnen, Mais, Paprika, Chili und etwas Chili-con-carne-Gewürz dazugeben.

KALBFLEISCHRÖLLCHEN

~ IN STEINPILZSAUCE ~

Für vier Männer::

Für das Fleisch:
-20 g getrocknete Steinpilze
-250 g kleine Champignons
-1 Bund Frühlingszwiebeln
-1 Bund Schnittlauch
-2 Schalotten
-8 kleine dünne Kalbsschnitzel
 (à ca. 70 g; aus dem Rücken)
-Salz, Pfeffer aus der Mühle
-8 Scheiben gekochter
 Schinken
-8 kleine Stücke Gruyère
 (gesamt ca. 100 g)
-2 EL Butterschmalz
-4 EL Madeira
-400 g Sahne
-1 EL eiskalte Butterwürfel
-Zucker

Außerdem:
-Zahnstocher

ZUBEREITUNGSZEIT: 25 Minuten (+ 35 Minuten Garzeit)

• Die Steinpilze gründlich abspülen und in ¼ Liter lauwarmem Wasser 15 Minuten einweichen. In der Zwischenzeit Champignons mit Küchenpapier oder einem Pinsel trocken abreiben, Enden kappen und größere Köpfe halbieren. Frühlingszwiebeln waschen, putzen und schräg in Ringe schneiden. Schnittlauch waschen, trockenschütteln und in feine Röllchen schneiden. Schalotten abziehen und fein würfeln.

• Die Fleischscheiben zwischen zwei Frischhaltebeutel legen und mit der glatten Seite des Fleischklopfers oder einem kleinen schweren Stieltopf sehr dünn plattieren. Fleisch von beiden Seiten mit Salz und Pfeffer würzen. Mit je 1 Schinkenscheibe und 1 Käsestück belegen, seitliche Schnitzelränder zur Mitte hin über den Käse schlagen und die Scheiben fest aufrollen. Enden jeweils mit einem Zahnstocher fixieren. Steinpilze leicht ausdrücken, fein hacken und das Einweichwasser durch ein feines Sieb gießen.

• Das Butterschmalz in einer Pfanne erhitzen und die Röllchen darin bei mittlerer Hitze goldbraun anbraten. Schalotten, Steinpilze und Champignons dazugeben und kurz mitbraten. Mit dem Einweichwasser der Steinpilze und Madeira ablöschen. Die Sahne angießen, alles mit Salz und Pfeffer leicht würzen und bei geschlossenem Deckel und kleiner Hitze ca. 35 Minuten langsam schmoren.

• Die Röllchen aus der Pfanne nehmen, Frühlingszwiebeln dazugeben und die Sauce mit den eiskalten Butterwürfeln binden. Die Schnittlauchröllchen einrühren und das Ganze mit Salz und Pfeffer abschmecken.

• Die Röllchen zurück in die Sauce geben und beides zusammen servieren.

MEIN TIPP:

Sie können die Röllchen auch geschmacklich variieren, z. B. mit getrockneten Aprikosen und Salbei.Wenn Sie die Sauce mit den eiskalten Butterwürfeln binden, verleihen Sie ihr Glanz und Vollmundigkeit. Allerdings sollten Sie sie nicht noch einmal aufkochen.

SCHNITZEL

einfach gut

Für vier Männer:

Für das Fleisch:
-4 dünne Kalbsschnitzel
 (à ca. 150 g; aus der Oberschale)
-Salz, Pfeffer aus der Mühle
-5 EL Mehl
-2 Eier
-200 g Semmelbrösel
 (am besten frisch vom Bäcker
 oder selbst gemacht)
-4–6 EL Butterschmalz
-Zitronenspalten zum Servieren
-Sardellenfilets zum Servieren

ZUBEREITUNGSZEIT: 20 Minuten (+ 10 Minuten Garzeit)

- Den Backofen auf 100 °C Umluft (120 °C Ober- und Unterhitze/Gas Stufe 1) vorheizen. Die Kalbsschnitzel zwischen zwei Frischhaltebeutel legen und mit der glatten Seite des Fleischklopfers oder einem kleinen schweren Stieltopf plattieren. Das Fleisch von beiden Seiten mit Salz und Pfeffer würzen.

- Mehl, Eier und Semmelbrösel in je eine Schüssel geben. Die Eier gut verquirlen. Das Butterschmalz in einer Pfanne langsam erhitzen.

- Die Fleischscheiben erst in Mehl wenden, dann durch das verquirlte Ei ziehen und zum Schluss in den Bröseln wälzen. Schnitzel nacheinander im heißen Butterschmalz von beiden Seiten je 2 Minuten schwimmend braten. Herausnehmen, auf Küchenpapier abtropfen lassen und im heißen Ofen warm stellen.

- Die Schnitzel auf vorgewärmten Tellern anrichten. Klasisch dazu eine Zitronenspalte und Sardellenfilets servieren.Dazu passen Kartoffelsalat oder Bratkartoffeln mit Gurkensalat.

PANADEN-VARIATIONEN:

- **Virginia-Schnitzel**
  200 g Semmelbrösel mit ¼ TL schwarzem Pfeffer, ¼ TL Paprikapulver, 1 TL Thymianblättchen, 1 Messerspitze Lebkuchengewürz und 1 Messerspitze Knoblauchpulver mischen – ideal auch für Hähnchenschnitzel oder -nuggets.

- **Thai-Schnitzel**
  200 g Semmelbrösel mit 3 gehackten Kaffir-Limettenblättern, ½ TL Chiliflocken, ¼ TL Szechuan-Pfeffer, ½ TL zerstoßenen Koriandersamen, ½ TL Ingwerpulver und dem Abrieb von 1 Bio-Limette mischen.

- **Toscana-Schnitzel**
  200 g Semmelbrösel mit ¼TL Paprikapulver, 1 TL Kräutern der Provence, ½ TL weißem Pfeffer und 1 Messerspitze Knoblauchpulver mischen.

KRUSTENBRATEN

— MIT BIERSAUCE —

Für vier Männer:

Für das Fleisch:

- 1,5 kg Schweineschulter mit Schwarte
- 2 TL Kümmelsamen
- Salz, Pfeffer aus der Mühle
- 1 Bund Suppengrün (Möhren, Sellerie, Lauch)
- 2 Zwiebeln
- 1 Lorbeerblatt
- 4 Wacholderbeeren
- 2 Flaschen Bier (à 0,5 l; eine zum Kochen, eine zum Durstlöschen)
- 2 EL Honig
- 2 EL Crème fraîche
- 1 TL Dijon-Senf
- ¼ TL Worcestersauce
- Saft von ¼ Zitrone
- Zucker
- Speisestärke (nach Belieben)

ZUBEREITUNGSZEIT: 30 Minuten (+ 3 Stunden Garzeit)

- Im Wasserkocher ca. 750 Milliliter Wasser erhitzen. Den Backofen auf 130 °C Umluft (150 °C Ober- und Unterhitze/Gas Stufe 1) vorheizen.

- Die Schweineschulter mit 1 Teelöffel Kümmelsamen, Salz und Pfeffer kräftig würzen. Das Fleisch mit der Schwarte nach unten in einen Bräter legen, heißes Wasser rundherum einfüllen, aber nicht die Gewürze herunterspülen. Die Schwarte sollte im Wasser liegen. Das Fleisch im heißen Ofen 2 Stunden langsam garen.

- Das Suppengrün waschen, putzen und kleinschneiden. Zwiebeln waschen und mit Schale klein schneiden. Braten aus dem Bräter nehmen und Schwarte rautenförmig einschneiden. Das Fleisch mit der Schwarte nach oben wieder in den Bräter setzen. Suppengrün, Zwiebeln, Lorbeerblatt und Wacholderbeeren um den Braten herum verteilen. 1 Flasche Bier angießen. Braten 1 weitere Stunde im Ofen garen.

- Den Braten aus dem Ofen nehmen und auf einen Gitterrost legen (ein mit Backblech ausgelegtes Backblech unterstellen). Die Backofentemperatur auf 200 °C Umluft (220 °C Ober- und Unterhitze/Gas Stufe 4–5) erhöhen. Krustenbraten im heißen Ofen weitere ca. 30 Minuten kross backen.

- Den Krustenbraten herausnehmen und mit Alufolie abgedeckt ca. 15 Minuten ruhen lassen. In dieser Zeit den Bratensud durch ein feines Sieb in einen zweiten Topf gießen und nochmals aufkochen. Restliche Kümmelsamen hinzugeben und die Flüssigkeit auf zwei Drittel der Menge einkochen. Crème fraîche einrühren und die Sauce mit Dijon-Senf, Worcestersauce, Zitronensaft, 1 Prise Zucker, Salz und Pfeffer abschmecken. Nach Belieben Speisestärke mit wenig kaltem Wasser glattrühren, die Sauce damit binden und mit dem Stabmixer kurz „aufmontieren".

- Den Krustenbraten aufschneiden und zusammen mit der Biersauce servieren.

FILETSTREIFEN

MIT PFLAUMENSAUCE UND ASIANUDELN

Für vier Männer:

Für Fleisch und Nudeln:
- 600 g Schweinefilet
- Salz, Pfeffer aus der Mühle
- 300 g asiatische Eiernudeln
- Rapsöl zum Braten

Für die Marinade:

- 1 EL Speisestärke
- 5 EL Teriyaki-Sauce
- 3 EL Sojasauce
- 2 EL Fischsauce (Asialaden)
- 1 TL Wasabipaste (Asialaden)

Für die Sauce:
- 250 g tiefgekühlte Pflaumen
- 50 ml Himbeeressig
- 6 EL Sojasauce
- 1 walnussgroßes Stück frische Ingwerwurzel
- 1 Knoblauchzehe
- 1 rote Chilischote
- 8 Stängel Koriandergrün
- ¼ TL Szechuan-Pfeffer
- 1 Nelke, 1 EL brauner Zucker
- ¼ TL Lebkuchengewürz

Für das Gemüse:
- 150 g Zuckerschoten
- 2 Möhren
- 1 Bund Frühlingszwiebeln
- 3 EL Cashewkerne
- Salz, Cayennepfeffer
- 1 Handvoll Mungobohnen-sprossen (oder Sojasprossen)

ZUBEREITUNGSZEIT: 30 Minuten (+ 35 Minuten Garzeit)

- Das Schweinefilet von Fett und Sehnen befreien, längs halbieren und in dünne Streifen schneiden. Fleisch in einer Schüssel mit Salz und Pfeffer würzen. Alle Marinadenzutaten gut verrühren, über das Fleisch geben und das Ganze vermengen.

- Für die Sauce Pflaumen, Essig und Sojasauce in einem Topf langsam erhitzen. Ingwer und Knoblauch schälen, Chilischote und Koriandergrün waschen und grob schneiden. Die Hälfte vom Koriandergrün für die Garnitur beiseitelegen. Ingwer, Knoblauch, Chili, Koriander, Szechuan-Pfeffer, Nelke, braunen Zucker und Lebkuchengewürz mit dem Stabmixer pürieren, zu den Pflaumen geben und alles ca. 10 Minuten einkochen.

- Währenddessen die asiatischen Eiernudeln in einer Schüssel mit warmem Wasser 10 Minuten einweichen. Für das Gemüse Zuckerschoten waschen, putzen und schräg halbieren. Möhren schälen, waschen und in Stifte schneiden. Frühlingszwiebeln waschen, putzen und schräg in feine Ringe schneiden.

- Die Cashewkerne in einer Pfanne mit wenig Rapsöl rösten, dann in eine Schüssel umfüllen und mit Salz und Cayennepfeffer würzen.

- Ein Drittel der Filetstreifen in einer Pfanne im heißen Rapsöl kurz scharf anbraten. Herausnehmen und mit restlichem Fleisch ebenso verfahren. Zuckerschoten und Möhren in der Fleischpfanne ganz kurz anbraten und ebenfalls herausnehmen.

- Die Sauce noch einmal mit dem Stabmixer pürieren und mit Sojasauce abschmecken. Nudeln abgießen und trockentupfen. In der Pfanne wieder etwas Öl erhitzen und die Nudeln darin kurz scharf anbraten. Fleisch, Gemüse und Mungobohnensprossen hinzugeben, etwas Sauce einrühren und alles zusammen erhitzen. Übrige Sauce in eine Schüssel geben.

- Die Nudelpfanne auf vorgewärmten Tellern anrichten und das Ganze mit Koriandergrün, Frühlingszwiebelringen und Cashewkernen bestreut servieren. Die restliche Sauce separat dazu reichen.

MEIN TIPP:

Nudeln beim Anbraten nur wenig wenden, dann werden sie schneller schön kross.

ORIENTALISCHE LAMMKOTELETTS

— MIT APRIKOSE & KÜRBIS —

Für vier Männer:

Für das Fleisch:
- 12 Lammkoteletts (à ca. 100 g)
- Olivenöl zum Braten
- 1 EL Ahornsirup
- Salz, Pfeffer aus der Mühle
- 1 kleiner Hokkaido-Kürbis
- 4 festkochende Kartoffeln
- 2 Zwiebeln
- 1 Knoblauchzehe
- 1 walnussgroßes Stück frische Ingwerwurzel
- 1 rote Chilischote
- 100 g geschälte Mandeln
- 1 TL würziges indisches Currypulver
- ½ Zimtstange
- 1 Sternanis
- 1 Lorbeerblatt
- 1 TL Ras el Hanout
- 200 ml Apfelsaft
- 500 ml Gemüse- oder Geflügelbrühe
- ¼ TL Speisestärke
- 1 Bund Frühlingszwiebeln
- 4 Stängel Koriandergrün
- 100 g getrocknete Aprikosen
- Abrieb von 1 Bio-Zitrone
- 1 EL Butter
- Saft von ¼ Limette
- 250 g Basmatireis
- 1 Bund Minze

ZUBEREITUNGSZEIT: 30 Minuten (+ 30 Minuten Garzeit)

- Die Lammkoteletts in einer Pfanne mit etwas Olivenöl scharf anbraten. Das Fleisch in eine Auflaufform geben, mit Ahornsirup bepinseln, mit Salz und Pfeffer würzen.

- Den Kürbis gründlich waschen, vierteln, entkernen und in Würfel schneiden. Kartoffeln schälen, waschen und würfeln. Zwiebeln und Knoblauch abziehen, längs halbieren und in Streifen schneiden. Ingwer schälen und fein hacken. Chilischote waschen und ohne Stielansatz im Ganzen in kleine Würfel schneiden. Den Backofen auf 220 °C Umluft (240 °C Ober- und Unterhitze/Gas Stufe 5–6) vorheizen.

- Die Mandeln in der Fleischpfanne in etwas Öl anrösten, herausnehmen. Kürbis- und Kartoffelwürfel, Zwiebel- und Knoblauchstreifen, Ingwer und Chili in etwas Olivenöl anrösten. Currypulver, Zimt, Sternanis, Lorbeerblatt und Ras el Hanout dazugeben und leicht mitrösten. Mit Apfelsaft ablöschen. Brühe und Speisestärke glattrühren, mit in die Pfanne geben und alles aufkochen.

- Die Frühlingszwiebeln waschen, putzen und schräg in grobe Ringe schneiden. Koriandergrün waschen, trockenschütteln, fein schneiden, dann mit Mandeln, Aprikosen, Zitronenabrieb und Butter zum Gemüse geben. Das Ganze mit Limettensaft, Salz und Pfeffer abschmecken. Pfanneninhalt über die Lammkoteletts geben und das Fleisch im heißen Ofen 15 Minuten garen.

- In der Zwischenzeit den Reis nach Packungsangabe garen. Minze waschen, trockenschütteln, Blätter abzupfen und fein hacken.

- Die Lammkoteletts mit Gemüse und Reis auf Teller verteilen und mit Minze bestreut servieren.

MEIN TIPP:

Lammkoteletts werden manchmal auch als Lammchops bezeichnet.

Sie können auf die oben beschriebene Weise natürlich auch Schweinekoteletts oder Hähnchenkeulen garen.

THAI-ROASTED
~ CHICKEN-CURRY ~

Für vier Männer:

Für das Curry:
-6–8 Hähnchenkeulen
-Salz, Pfeffer aus der Mühle
-6 Schalotten
-2 Knoblauchzehen
-1 rote Chilischote
-2 EL Rapsöl
-1 EL gelbe Thai-Currypaste
 (alternativ rote oder grüne)
-ca. 500 ml Kokosmilch
 (ungesüßt)
-1 TL Speisestärke
-500 ml Gemüsebrühe
-1 Stängel Zitronengras
-5 Kaffir-Limettenblätter
 (Asialaden)
-1 TL brauner Zucker
-4–6 EL Fischsauce (Asialaden)
-2 EL Austernsauce (Asialaden)
-1 grüne Zucchini
-1–2 kleine Thai-Auberginen
 (Asialaden)
-200 g Kirschtomaten
-200 g braune Champignons
-150 g Maiskölbchen (aus der
 Dose)
-1 Granatapfel
-Saft und Abrieb von
 1 Bio-Limette
-3 EL gesalzene Erdnüsse
-2–3 Stängel Thai-Basilikum
-4 Stängel Koriandergrün

ZUBEREITUNGSZEIT: 30 Minuten (+ 30 Minuten Garzeit)

- Die Hähnchenkeulen kalt abspülen und mit Küchenpapier trockentupfen. Die Keulen im Gelenk trennen, mit Salz und Pfeffer gut würzen und auf einem mit Backpapier ausgelegten Backblech mit der Hautseite nach oben auslegen.

- Schalotten und Knoblauch abziehen und grob würfeln. Chilischote längs halbieren, entkernen und in kleine Würfel schneiden.

- Das Rapsöl in einem Topf erhitzen. Schalotten-, Knoblauch- und Chiliwürfel mit der Thai-Currypaste darin anschwitzen. Kokosmilch gut durchschütteln, ein Drittel dazugeben und leicht einkochen. Restliche Kokosmilch mit der Speisestärke glattrühren und mit der Brühe in den Topf geben. Alles kurz aufkochen und die Hitze reduzieren.

- Den Backofen auf 200 °C Umluft (220 °C Ober- und Unterhitze/Gas Stufe 4–5) vorheizen.

- Zitronengras mit dem Boden einer Pfanne etwas flach klopfen (das geht zum Beispiel auch mit einem schweren Messergriff) und zusammen mit Kaffir-Limettenblättern, braunem Zucker, Fisch- und Austernsauce in den Topf geben. Kokossud ca. 20 Minuten köcheln lassen. Hähnchenteile in dieser Zeit im heißen Ofen ca. 15 Minuten garen.

- In der Zwischenzeit Zucchini und Auberginen waschen und ohne Stielansatz in mundgerechte Stücke schneiden. Kirschtomaten waschen und halbieren. Champignons mit Küchenpapier oder einem Pinsel trocken abreiben, Enden kappen und Köpfe halbieren. Maiskölbchen abtropfen lassen und schräg in Scheiben schneiden. Granatapfel aufbrechen und Kerne auslösen.

- Nach 10 Minuten Kochzeit Gemüse, Limettensaft und -abrieb sowie Erdnüsse zum Kokossud geben, kurz aufkochen und alles weitere 5 Minuten garen. Wenn die Hähnchenkeulen schön kross sind, aus dem Ofen nehmen und mit dem Bratensaft zum Kokossud geben. Alles kurz aufkochen, dann mit Fischsauce, Salz und Pfeffer abschmecken. Thai-Basilikum und Koriandergrün waschen und trockenschütteln. Basilikumblätter abzupfen und kurz vor dem Servieren unterrühren.

- Das Chicken-Curry auf tiefe Teller oder Schalen verteilen und mit Thai-Basilikum, den Korianderstängeln und Granatapfelkernen garniert servieren. Dazu passt ein einfacher Basmatireis.

• ENTE •

MIT MARONEN-ORANGEN-APFEL-FÜLLUNG

Für vier Männer:

Für das Fleisch:
- 1 Apfel
- 1 Bio-Orange
- 12 vorgegarte Maronen
- 1 EL getrockneter Majoran
- Salz, Pfeffer aus der Mühle
- 1 schöne große frische Ente
  (ca. 2 kg; mit Innereien)

Für die Sauce:
- 2 Entenkeulen oder
  1 Entenkarkasse
- 1 Bund Suppengrün
  (Möhren, Sellerie, Lauch)
- 2 Zwiebeln
- Öl zum Braten
- 2 EL Tomatenmark
- 1 Flasche Rotwein (0,75 l)
- 1 EL Mehl
- 1 Lorbeerblatt
- 3 Wacholderbeeren
- 1 Zimtstange
- 3 Zweige Thymian
- 1 EL Preiselbeerkonfitüre
- Abrieb von 1 Bio-Orange
- 100 g eiskalte Butterwürfel

Außerdem:
- 6–8 Zahnstocher

ZUBEREITUNGSZEIT: 30 Minuten (+ 3 Stunden Garzeit)

- Den Apfel waschen, vierteln und ohne Kerngehäuse würfeln. Orange heiß waschen und trockenreiben. Schale fein abreiben. Orange schälen, mit Maronen würfeln und mit Apfelstücken und Majoran in einer Schüssel mischen. Mit Salz und Pfeffer würzen.

- Die Ente kalt waschen und mit Küchenpapier trockentupfen. Federkiele ziehen. Ente – am besten in der Spüle – 30 Minuten in kaltes, kräftig gesalzenes Wasser legen. Den Backofen auf 130 °C Umluft (150 °C Ober- und Unterhitze/Gas Stufe 1) vorheizen.

- Ente abtropfen lassen, Flügel unter der Ente einklemmen, von innen salzen und pfeffern, dann mit der Orangenmischung füllen. Öffnung mit Zahnstochern verschließen. Ente außen kräftig salzen und pfeffern, dann auf ein Ofengitter legen. Backblech unterschieben und mit Wasser füllen. Die Ente im Ofen ca. 3 Stunden garen.

- In der Zwischenzeit für die Sauce Entenkeulen oder Karkasse ebenfalls waschen und trockentupfen. Keulen im Gelenk halbieren, Karkassen zerkleinern. Suppengrün waschen, putzen und kleinschneiden. Zwiebeln abziehen und grob schneiden.

- Entenkeulen und Innereien (bis auf die Leber) in etwas Öl kräftig anbraten. Zwei Drittel Suppengrün mitrösten (Rest auf dem Blech verteilen). Tomatenmark kurz mitrösten. Mit einem Drittel Rotwein ablöschen und Flüssigkeit verkochen lassen. Dies zweimal wiederholen, dann Mehl, Lorbeer, Wacholder, Zimt und Thymian dazugeben, mit 1 Liter Wasser auffüllen und alles aufkochen, dabei gelegentlich umrühren. Hitze reduzieren und die Sauce 1,5 Stunden leicht köcheln lassen.

- Sauce aufkochen, durch ein Sieb gießen und in neuem Topf mit Konfitüre sowie Orangenabrieb leicht köcheln lassen. Mit Salz und Pfeffer würzen. Warm halten.

- Nach 2,5 Stunden Garzeit Flüssigkeit vom Backblech und Suppengrün in die Sauce geben. Blech wieder einschieben und mit Wasser befüllen. Temperatur auf 200 °C Umluft (220 °C Ober- und Unterhitze/Gas Stufe 4–5) erhöhen und Ente fertig garen.

- Die knusprige Ente aus dem Ofen nehmen und mit Alufolie abgedeckt 5–10 Minuten ruhen lassen. Sauce aufkochen, eiskalte Butterwürfel mit dem Stabmixer untermixen.

- Die Ente tranchiert auf einer vorgewärmten Platte anrichten und servieren. Füllung in einer Schüssel separat dazu reichen.

ENTENBRUST

— IN ROIBOOS-TEE GERÄUCHERT —

Für vier Männer::

Für das Chutney:
-1 haselnussgroßes Stück
   frische Ingwerwurzel
-2 Orangen, 2 Äpfel
-1 große Gemüsezwiebel
-1 rote Chilischote
-200 g Kirschtomaten
-2 Stängel Koriandergrün
-Olivenöl zum Braten
-200 g brauner Zucker
-200 ml Orangensaft
-Saft und Abrieb von
   1 Bio-Limette
-1 Tütchen Gelierpulver 3:1

Für das Fleisch:
-2–3 Entenbrustfilets
   (à ca.200 g)
-Salz, Pfeffer aus der Mühle
-100 g Roiboos-Tee

Für den Salat:
-2 EL Cashewkerne
-200 g Feldsalat
-2 Kugeln Mozzarella (à 125 g)
-150 g eingelegter Kürbis
-gutes Olivenöl zum Beträufeln
-frisches Baguette zum
   Servieren

Außerdem:
-2–3 Einmachgläser (à 220 ml)
-Wok- oder Dünsteinsatz
   bzw. Sieb plus passender Wok
   oder Topf

ZUBEREITUNGSZEIT: 30 Minuten (+ 30 Minuten Garzeit)

- Für das Chutney Ingwer und Orangen schälen. Äpfel schälen, entkernen und fein würfeln. Zwiebel abziehen. Orange kleinschneiden. Zwiebel, Ingwer und Chilischote fein hacken. Kirschtomaten waschen und halbieren. Koriandergrün fein hacken.

- Zwiebel, Knoblauch und Chili in etwas Olivenöl anschwitzen. Restliche Chutney-Zutaten 3–4 Minuten mitgaren, dann heiß in saubere Einmachgläser füllen, sofort mit Twist-off-Schraubdeckeln verschließen und im Kühlschrank kalt stellen.

- Die Entenbrustfilets kalt abspülen, mit Küchenpapier trockentupfen und auf der Hautseite gitterförmig einritzen. Fleisch mit der Hautseite nach oben in einen Wok- beziehungsweise Dünsteinsatz mit Löchern oder in ein Metallsieb legen. Tee in einem passenden Wok oder Topf verteilen. Einsatz bzw. Sieb samt Fleisch einsetzen und gut schließenden Deckel auflegen.

- Den Topf bei mittlerer Hitze 3–4 Minuten erwärmen. Wenn Rauch entsteht, die Hitze sofort auf ein Minimum reduzieren. Die Entenbrust im Topf bei geschlossenem Deckel ca. 12 Minuten ziehen lassen. Den Backofen auf 130 °C Umluft (150 °C Ober- und Unterhitze/Gas Stufe 1) vorheizen.

- Die Cashewkerne in einer beschichteten Pfanne ohne Fett bei mittlerer Hitze langsam goldbraun rösten. Feldsalat verlesen, waschen, putzen und trockenschleudern. Mozzarella in Würfel schneiden. Kürbis in ein Sieb abgießen und abtropfen lassen.

- Den Räuchertopf geschlossen nach draußen tragen und erst jetzt den Deckel abheben. Fleisch herausnehmen, in einer kalten beschichteten Pfanne auf die Herdplatte stellen und bei mittlerer bis starker Hitze erhitzen. Wenn das Hautfett ausgetreten und die Hautseite gebräunt ist, die Temperatur auf maximale Leistung erhöhen, die Entenbrust wenden und auf der Fleischseite 1 Minute scharf anbraten.

- Die Entenbrust in eine Auflaufform legen, mit Salz und Pfeffer kräftig würzen und im heißen Ofen 8–10 Minuten fertig garen. Fleisch herausnehmen und mit Alufolie abgedeckt 2–3 Minuten ruhen lassen, dann in Scheiben aufschneiden.

- Den Feldsalat auf tiefen Tellern mit Cashewkernen, Mozzarella und Kürbis bestreuen, mit Salz und Pfeffer würzen und mit Olivenöl beträufeln. Entenbrustscheiben auflegen und das Ganze mit einem Klecks Chutney servieren. Dazu frisches Baguette reichen.

· REHRÜCKEN ·

im Kräuter-Crêpe-Mantel

Für vier Männer:

Für den Crêpe-Mantel:
- 4 EL Mehl
- 200 ml Milch
- 1 Eigelb
- Muskatnuss, frisch gerieben
- Salz
- ¼ Bund krause Petersilie
- 1 Bund Schnittlauch
- 1 EL Rapsöl zum Braten

Für das Fleisch:
- 2 Rehrückenfilets (à ca. 300 g; ohne Fett und Sehnen)
- Öl zum Braten
- Pfeffer aus der Mühle
- 2 feine rohe Metzger-Bratwürste (à ca. 80 g)
- 3 Zweige Thymian

Für die Crème-Bohnen:
- 600 g dicke Bohnenkerne
- 2 Schalotten
- 1 Bund glatte Petersilie
- 1 EL Olivenöl
- 200 g Crème fraîche
- Muskatnuss, frisch gerieben
- Salz, Pfeffer aus der Mühle

ZUBEREITUNGSZEIT: 30 Minuten (+ 30 Minuten Garzeit)

- Für den Crêpe-Mantel Mehl, Milch, Eigelb, je 1 Prise Muskatnuss und Salz kräftig verrühren. Teig 10 Minuten quellen lassen. In dieser Zeit Petersilie und Schnittlauch waschen, trockenschütteln, fein schneiden und unter den Crêpe-Teig rühren.

- Eine beschichtete Pfanne erhitzen und mit etwas Rapsöl auswischen (am besten mit einem ölgetränkten Küchenpapier). Eine Kelle Crêpe-Teig mittig in die Pfanne geben und darin durch Schräghalten und leichtes Drehen zügig gleichmäßig verlaufen lassen. Crêpe von beiden Seiten hellbraun backen und auf einen Teller gleiten lassen. Mit dem restlichen Teig ebenso verfahren – wir benötigen für das Gericht insgesamt vier Crêpes.

- Für das Fleisch Rehrücken mit Küchenpapier trockentupfen. Öl in einer Pfanne stark erhitzen und die Filets darin scharf anbraten. Herausnehmen und mit Salz und Pfeffer würzen. Bratwurstbrät aus der Haut in eine Schüssel drücken. Thymian waschen, trockenschütteln, Blättchen abstreifen, fein hacken, zum Brät geben und gut verrühren.

- Je 2 Crêpes leicht überlappend ausbreiten und in der Mitte das Brät verteilen. Je ein Filet auflegen, Crêpe-Seiten zur Mitte hin einschlagen und alles stramm einwickeln. 2 Stück Frischhaltefolie und 2 gleich große Stücke Alufolie abschneiden. Alufolie mit dem öligen Küchenpapier leicht einreiben, dann die Klarsichtfolie auflegen – so bleibt sie besser haften und verrutscht nicht. Nun je eine Crêpe-Rolle auflegen und stramm einwickeln, die Enden wie bei einem Bonbon fest aufdrehen.

- In einem großen Topf reichlich Salzwasser aufkochen. Die Rollen hineingeben, alles nochmals aufkochen, die Hitze auf ein Minimum reduzieren, Deckel auflegen und im heißen Wasserbad 15 Minuten ziehen lassen. Währenddessen die Bohnenkerne in leicht gesalzenem Wasser 2–3 Minuten blanchieren, in ein Sieb abgießen und kalt abspülen. Bohnenkerne aus den Häutchen drücken. Schalotten abziehen und fein würfeln. Petersilie waschen, Blätter abzupfen und tropfnass fein hacken.

- Bohnen, Schalotten und Petersilie in einer beschichteten Pfanne im heißen Olivenöl einige Minuten anschwitzen. Crème fraîche einrühren, erhitzen und mit Muskatnuss, Salz und Pfeffer abschmecken.

- Den Rehrücken aus dem Wasserbad nehmen und kurz ruhen lassen, dann auswickeln, in Tranchen aufschneiden und mit den Crème-Bohnen zusammen servieren.

MARINADEN

Für vier Männer

EINFACHE MARINADE

2 Knoblauchzehen abziehen und durchpressen oder fein hacken. Mit **2 EL Sojasauce, 1 TL Honig, 1 TL Tomatenmark, 2 EL Olivenöl** sowie **1 TL Pfefferkörnern (grob geschrotet)** sorgfältig mischen. **4 Schweinerückensteaks (à 180 g)** kalt abspülen, mit Küchenpapier trockentupfen und mit der Marinade in einen Frischhaltebeutel geben. Beutel verschließen und den Inhalt gut durchmengen. Das Fleisch im Kühlschrank ca. 2 Stunden marinieren.

. . . .

CHILI-HONIG-MARINADE

1 rote Chilischote waschen, längs halbieren, entkernen und mit **2 Stängeln** gewaschenem **Koriandergrün** fein hacken. Beides mit **1 TL Honig, 2 EL Olivenöl, Abrieb von 1 Bio-Orange** sowie **Saft von ¼ Orange** sorgfältig mischen. **4 Hähnchenbrustfilets (à ca. 120 g)** kalt abspülen, mit Küchenpapier trockentupfen und mit der Marinade in einen Frischhaltebeutel geben. Beutel verschließen und den Inhalt gut durchmengen. Das Fleisch im Kühlschrank ca. 2 Stunden marinieren.

. . . .

BBQ-MARINADE

1 Knoblauchzehe abziehen und durchpressen oder fein hacken. **2 Stängel Petersilie** waschen, trockenschütteln, fein hacken. Beides mit **2 EL Teriyaki-Sauce, 1 EL Honig, 2 EL Ketchup, 1 TL dunklem Aceto balsamico, 1 TL Paprikapulver rosenscharf, 1 TL Steakpfeffer** sowie **1 TL Rum** sorgfältig mischen. **4 Scheiben Schweinenacken (à ca. 160 g)** kalt abspülen, mit Küchenpapier trockentupfen und mit der Marinade in einen Frischhaltebeutel geben. Beutel verschließen und den Inhalt gut durchmengen. Das Fleisch im Kühlschrank mehrere Stunden – am besten über Nacht – marinieren.

. . . .

SCHWARZBIER-MARINADE

1 Schalotte (abgezogen und in Streifen geschnitten), **1 Lorbeerblatt** (zerbröselt), **2 Wacholderbeeren** (fein gehackt). **2 Stängel Petersilie** (fein gehackt) mit **2 TL Steakpfeffer, 0,1 l dunklem Bier, 2 EL Teriyaki-Sauce** und **1 TL braunem Zucker** sorgfältig mischen. **3 Scheiben Schweinebauch (à ca. 150 g)** kalt abspülen, mit Küchenpapier trockentupfen und mit der Marinade in einen Frischhaltebeutel geben. Beutel verschließen und den Inhalt gut durchmengen. Das Fleisch im Kühlschrank mehrere Stunden – am besten über Nacht – marinieren.

BUTTERMILCH-SENF-MARINADE

1 Zweig Rosmarin waschen, trockenschütteln, die Nadeln abzupfen und grob hacken. Mit 2 EL Sojasauce, 2 EL Buttermilch, 1 EL süßem Senf, 1 EL Dijon-Senf sowie 1 TL Honig sorgfältig mischen. 4 Stücke Lammrücken (à 150 g) kalt abspülen, mit Küchenpapier trockentupfen und mit der Marinade in einen Frischhaltebeutel geben. Beutel verschließen und den Inhalt gut durchmengen. Das Fleisch im Kühlschrank ca. 2 Stunden marinieren.

. . . .

ZITRONENGRAS-MARINADE

1 Stängel Zitronengras halbieren, mit dem Messergriff leicht anklopfen und mit 1 Knoblauchzehe, 2 Stängeln Koriandergrün, 2 EL Crème fraîche, 2 EL Rapsöl, 1 TL Sesamöl, 1 TL Honig sowie Abrieb von 1 Bio-Zitrone sorgfältig mischen. 4 Lachssteaks (à ca. 150 g) kalt abspülen, mit Küchenpapier trockentupfen und mit der Marinade in einen Frischhaltebeutel geben. Beutel verschließen und den Inhalt gut durchmengen. Den Fisch im Kühlschrank ca. 2 Stunden marinieren.

. . . .

WHISKY-SOJA-MARINADE

4 EL Whisky, 1 TL braunen Zucker, 2 TL Ketchup, 2 EL Sojasauce und ¼ TL Cayennepfeffer sorgfältig mischen. 8–12 Scheiben Schweinefilet (à ca. 80 g) kalt abspülen, mit Küchenpapier trockentupfen und mit der Marinade in einen Frischhaltebeutel geben. Beutel verschließen und den Inhalt gut durchmengen. Das Fleisch im Kühlschrank ca. 2 Stunden marinieren.

MEIN TIPP:

Geben Sie der Marinade und ihren Aromen Zeit, in das Grillgut einzuziehen. Planen Sie hierfür mindestens 1 Stunde Vorlaufzeit ein, bei Fleischgerichten marinieren Sie auch gerne über Nacht. Tupfen Sie das Gargut mit Küchenpapier unbedingt trocken, bevor es auf den Grill kommt. So vermeiden Sie, dass Fett in Flamme oder Glut tropft und dort verbrennt.

REZEPTE
-SEITE-
80-85

SELBST GEMACHTE

Wurst

PIRATENWURST VOM KAP DER GUTEN HOFFNUNG

250 g Straußen- oder Lammfleisch, 600 g Schweinebauch, 150 g geräucherter Bauchspeck, 1 rote Zwiebel (abgezogen und fein gewürfelt), 20 g Salz, 1 TL Pfefferkörner (grob geschrotet), 1 EL getrockneter Majoran, 2 EL würziges indisches Currypulver, ¼ TL Chiliflocken, 100 ml eiskaltes Wasser

. . . .

PRINZESSINNENWURST

8 Hähnchenkeulen (Fleisch ausgelöst; ohne Knochen und Knorpel), 6 rohe Riesengarnelen (ohne Schale und entdarmt), 200 g geräucherter Bauchspeck, Abrieb von 1 Bio-Zitrone, 1–2 Schalotten (abgezogen und fein gewürfelt), 1 Bund Basilikum (Blätter abgezupft), ¼ TL fein gehackte frische Ingwerwurzel, 20 g Salz, 3 EL kalte Kokosmilch (ungesüßt), 80 ml eiskaltes Wasser

. . . .

SINGLEWURST

600 g Fleisch aus der Wildschweinkeule, 250 g Rindfleisch, 150 g geräucherter Bauchspeck, 6 Knoblauchzehen (gehackt), 1 rote Chilischote (entkernt und gewürfelt), 1 EL Paprikapulver edelsüß, 1 Bund Estragon (Blätter abgezupft), 1 Prise Lebkuchengewürz, 20 g Salz, 1 EL Sambuca, 100 ml eiskaltes Wasser

. . . .

EL GRINGO

500 g Rindfleisch (aus der hohen Rippe), 400 g Lammfleisch (aus der Schulter), 100 g geräucherter Bauchspeck, 2 rote Zwiebeln, 4 Knoblauchzehen, 1 Msp. Lebkuchengewürz, 1 Habanero (alternativ andere Chilischote), 2 EL Paprikapulver edelsüß, 4 Stängel Minze, 1 EL Aceto balsamico, 20 g Salz, 1 EL Tequila, Abrieb von 1 Bio-Limette, 80 ml eiskaltes Wasser

Naturdarm in kaltem Wasser gut durchspülen und ca. 3 Stunden in lauwarmes Wasser legen, dann lässt er sich besser verarbeiten.

Fleisch gründlich abspülen, mit Küchenpapier trockentupfen, in kleine Würfel schneiden und ins Tiefkühlfach stellen. Restliche Zutaten kleinschneiden. Fleisch mit allen Zutaten (bis auf das Eiswasser) mischen und mit der gröberen Scheibe durch den Fleischwolf drehen. Die Masse mit Salz und Pfeffer abschmecken.

Eiskaltes Wasser einrühren, bis die Masse eine cremig-feste Konsistenz hat. Küchenmaschine auf den Wurstaufsatz umrüsten und ein angefeuchtetes Blech unter die Wursttülle legen, so kann die Wurst besser gleiten. Darm abgießen, mit Küchenpapier trockentupfen und auf die Wursttülle stecken. Die Masse durch die Maschine langsam in den Darm füllen. Darauf achten, die Masse möglichst blasenfrei in den Darm zu füllen. Am besten man macht das zu zweit – einer gibt die Füllung in die Maschine, der andere hält den Darm.

Wenn die Wurst gefüllt ist, diese alle ca. 20 Zentimeter etwas zusammendrücken und wie ein Springseil mehrere Male umschlagen. Da Sie sicher keinen Zollstock als Küchenwerkzeug haben, einfach meinen „Hang Loose"-Abstand nutzen und die Strecke zwischen kleinem Finger und Daumen nehmen.

Würste bis zum Grillen kaltstellen. Restliche Würste in siedendem, also nicht mehr kochendem Wasser 5–6 Minuten ziehen lassen. Im Kühlschrank kalt gestellt halten sie sich so 2 weitere Tage.

MEIN TIPP:

Wer keinen Schweinedarm verwenden möchte, kann auch Schweinenetz (aus dem Bauchfell) bestellen. Dieses wird ebenfalls vor der Verarbeitung gewässert, die Wurst später per Hand geformt und darin eingewickelt. Ganz ohne formt man die Würste aus der Masse per Hand, wickelt sie erst wie Bonbons in Frischhalte-, dann in Alufolie ein und gart sie in heißem Wasser 12 Minuten. Wie Bratwürste kurz anbraten.
Zum Wurstmachen eignet sich eigentlich jede Sorte Fleisch, Geflügel oder auch Fisch. Zu mageres Fleisch braucht einen fetten Partner, damit die Wurst beim Braten nicht trocken wird. Schulter eignet sich sehr gut, man gibt aber gerne auch Schweinebauch dazu.
Selbst macht man Wurst wahrscheinlich nicht so häufig, darum am besten gleich ein paar mehr Würste herstellen und sie einfrieren.

AUFGEFISCHT

Fisch & Meeresfrüchte

87

MUSCHELN

à la Pedro

Für vier Männer:

Für die Muscheln:
- 4 kg Miesmuscheln
- 2 rote Zwiebeln
- 3 Knoblauchzehen
- 1 Chilischote
- 1 Bund Suppengrün
  (Möhren, Sellerie, Lauch)
- 8 große Tomaten
- 1 Bund glatte Petersilie
- 3 EL Olivenöl
- ¼ TL brauner Zucker
- 1 TL Tomatenmark
- 3 Zweige Thymian
- 1 Lorbeerblatt
- 300 ml Weißwein
- ¼ TL Speisestärke
- 6 EL Anisschnaps (z. B. Pernod)
- Salz, Pfeffer aus der Mühle

ZUBEREITUNGSZEIT: 20 Minuten (+ 15 Minuten Garzeit)

- Die Muscheln gründlich kalt waschen, eventuell die sogenannten Muschelbärte entfernen, bereits geöffnete Muscheln aussortieren.

- Zwiebeln und Knoblauch abziehen und fein würfeln. Chilischote waschen, längs halbieren, entkernen und in kleine Würfel schneiden. Suppengrün waschen, putzen und klein schneiden. Tomaten waschen, ohne Stielansatz vierteln und mit einem Löffel entkernen. Die Tomatenfilets würfeln. Petersilie waschen und trockenschütteln, Blätter abzupfen und fein schneiden.

- Das Olivenöl in einem hohen Topf erhitzen, Zwiebel-, Knoblauch- und Chiliwürfel, Suppengrün und Tomaten dazugeben und anschwitzen. Zucker und Tomatenmark einrühren und leicht karamellisieren. Thymian waschen und trockenschütteln, Blättchen abstreifen und mitsamt Stielen, gehackter Petersilie und Lorbeerblatt dazugeben.

- Weißwein und Speisestärke glattrühren, mit dem Anisschnaps zum Gemüse geben und alles mit Salz und Pfeffer würzen. Muscheln dazugeben, einmal gut durchrühren und das Ganze zugedeckt ca. 10 Minuten garen. Zwischendurch den Topf mehrmals gut durchschütteln, ohne den Deckel abzunehmen. Nach Ende der Garzeit alle Muscheln, die noch immer nicht geöffnet sind, ebenfalls aussortieren.

- Die Muscheln auf tiefe Teller verteilen und mit Sud übergossen servieren. Dazu passt frisches knuspriges Baguette.

MEIN TIPP:

Alle Monate mit „R" im Wort sind Muschelmonate!

Muscheln kann man ohne Besteck essen, dazu einfach eine Muschel als „Futterzange" benutzen. Ideal auch mal zum Grillen: Alles ab in den Topf und auf den Grill stellen.

Als Sologericht rechnet man pro Person ca. 1 kg Miesmuscheln.

— GEFÜLLTER —
TINTENFISCH

Für vier Männer:

Für den Tintenfisch:
- ca. 800 g mittelgroße Tintenfische
- 100 g Ciabatta (vom Vortag)
- 100 g Sahne
- 1 Ei
- 1 rote Zwiebel
- 1 Knoblauchzehe
- 1 TL Butter
- 1 Chilischote
- 1 Bund Petersilie
- Saft und Abrieb von 1 Bio-Zitrone
- Salz, Pfeffer aus der Mühle
- 1 EL gelbe Thai-Currypaste
- Olivenöl zum Braten und zum Einfetten
- 100 ml Kokosmilch
- 1 TL Speisestärke
- 1 haselnussgroßes Stück frische Ingwerwurzel
- 1 Stängel Zitronengras
- 4 Kaffir-Limettenblätter
- 1 Dose Bambusstreifen (ca. 175 g Abtropfgewicht)
- 100 g Cashewkerne
- 4 Tomaten
- 2 Köpfe Pak Choi
- 1 Bund Koriandergrün
- 250 g Basmatireis als Beilage

Außerdem:
- Zahnstocher

ZUBEREITUNGSZEIT: 25 Minuten (+ 30 Minuten Garzeit)

- Die Tintenfische unter kaltem Wasser gründlich waschen und nach Bedarf die dunkle Haut entfernen. Köpfe von den Fangarmen trennen. Harte Kauwerkzeuge zwischen den Fangarmen herausdrücken und entfernen. Fangarme sehr klein schneiden und in eine Schüssel geben. Aus den Tuben die durchsichtigen Chitinstäbe ziehen.

- Das Ciabatta fein hacken, zu den kleingeschnittenen Fangarmen geben. Sahne und Ei verrühren, ebenfalls dazugeben und alles gut durchrühren.

- Zwiebel und Knoblauch abziehen, sehr fein würfeln und in der Butter glasig schwitzen. Chilischote waschen, längs halbieren, entkernen und in kleine Würfel schneiden. Petersilie waschen und trockenschütteln, Blätter abzupfen und fein schneiden. Zwiebel-, Knoblauch- und Chiliwürfel sowie gehackte Petersilie zum Brot geben. Alles mit Zitronensaft und -abrieb sowie Salz und Pfeffer gut abschmecken. Tintenfischtuben mit der Ciabattamasse füllen und die Öffnungen mit je einem Zahnstocher verschließen.

- Die Thai-Currypaste in etwas Olivenöl andünsten, ein Drittel der Kokosmilch hinzugeben und kurz bei mittlerer Hitze verkochen lassen. Restliche Kokosmilch mit Speisestärke glattrühren, dazugeben und alles leicht köcheln lassen.

- Den Ingwer schälen, mit Zitronengras und Kaffir-Limettenblättern fein hacken und ebenfalls mit in den Topf geben. Bambusstreifen abtropfen lassen und hinzugeben. Cashewkerne in einer beschichteten Pfanne ohne Fett langsam rösten.

- Die Tomaten waschen, ohne Stielansatz viertel, mit einem Löffel entkernen und würfeln. Pak Choi und Koriandergrün waschen, trockenschütteln und beides fein schneiden. Den Backofen auf 200 °C Umluft (220 °C Ober- und Unterhitze/Gas Stufe 4–5) vorheizen.

- Die Tintenfischtuben in einer Pfanne mit etwas heißem Olivenöl kurz von allen Seiten scharf anbraten, dann in eine Auflaufform legen. Cashewkerne, Tomaten, Pak Choi und die Hälfte vom Koriander in den Kokossud geben, mit Salz und Pfeffer abschmecken, über die Tintenfischtuben gießen und im Ofen ca. 25 Minuten backen.

- Die Tintenfischtuben mit Sauce auf Tellern anrichten und mit dem restlichen Koriandergrün bestreut servieren. Dazu passt einfacher Basmatireis.

OFFENE HUMMER-RAVIOLI

Für vier Männer:

Für die Ravioli:
- 500 g Kirschtomaten
- 3 EL Olivenöl + mehr zum Braten und Einfetten
- feines Meersalz
- Pfeffer aus der Mühle
- 16 Scheiben italienische Fenchelsalami
- 6 Lasagneblätter (ohne Vorkochen)
- 2 Hummer (vorgegart und ausgelöst; Schalen bitte mitnehmen)
- 1 Zwiebel
- 1 Knoblauchzehe
- 1 EL Tomatenmark
- ½ l Fischfond
- 1 TL Speisestärke
- 200 g Sahne
- 1 EL Weinbrand
- 150 g eiskalte Butterwürfel
- 100 g Pecorino
- 1 Bund Rucola
- 2 Stängel Basilikum
- 2 EL Pinienkerne, geröstet

Außerdem:
- Ringausstecher (Ø 8–10 cm)

ZUBEREITUNGSZEIT: 45 Minuten (+ 1 Stunde Garzeit)

- Die Kirschtomaten waschen und halbieren, mit Olivenöl beträufeln, mit 1 Prise Salz und Pfeffer würzen, kurz durchmengen, mit der Schnittfläche nach oben auf einem mit Backpapier ausgelegten Backblech gleichmäßig verteilen. Im heißen Ofen bei 90 °C Umluft (110 °C Ober- und Unterhitze/Gas Stufe 1) 1 Stunde backen.

- Die Salamischeiben in einer Auflaufform auslegen und direkt mit in den Ofen schieben.

- Die Lasagneblätter in gesalzenem Wasser 10 Minuten bissfest kochen. Nudeln herausnehmen – Nudelwasser nicht abgießen –, auf einem sauberen Küchenhandtuch ausbreiten und mit Küchenpapier abtupfen. Aus den Blättern auf der Arbeitsfläche mit einem Ringausstecher je zwei Kreise ausstechen.

- Die Hummerschalen in einen Gefrierbeutel geben und mit einem Fleischklopfer kräftig zerkleinern. Zwiebel und Knoblauch abziehen und in feine Würfel schneiden.

- Das Olivenöl in einem Topf erhitzen, Zwiebel- und Knoblauchwürfel mit den Hummerschalen darin bei mittlerer Hitze anbraten. Tomatenmark einrühren und kurz mitrösten. Fischfond und Speisestärke glattrühren, mit der Sahne in den Topf geben und alles bei niedriger Hitze ca. 30 Minuten köcheln lassen.

- Die Sauce durch ein feines Sieb in einen zweiten Topf gießen, nochmals aufkochen, dann mit Weinbrand, Salz und Pfeffer abschmecken. Butterwürfel mit dem Stabmixer kräftig untermixen (in der Fachsprache heißt das „aufmontieren"). Hummerfleisch in Scheiben schneiden und in der Sauce 5–6 Minuten erwärmen, aber nicht kochen.

- In der Zwischenzeit Nudelwasser wieder erhitzen und die Teigkreise 5–6 Minuten darin garen, dabei im Wasser hin- und herbewegen, damit sie nicht aneinanderkleben. Pecorino fein raspeln. Rucola verlesen, waschen und trockenschleudern. Basilikum waschen, trockenschütteln und die Blätter abzupfen.

- Warme Teller mit etwas Olivenöl einfetten, salzen und pfeffern. Je einen Nudelkreis auflegen, mit Hummerfleisch und Sauce belegen, wieder Nudeln daraufgeben, mit Salamischeiben und Basilikumblättern belegen, mit einem dritten Nudelkreis abschließen. Die Türmchen mit der restlichen Sauce beträufeln, mit Rucola belegen und mit Pecorino bestreuen. Tomatenhälften und geröstete Pinienkerne darauf verteilen und das Ganze mit etwas ausgetretenem Salamifett beträufelt servieren.

KABELJAU

MIT CIABATTA-CHORIZO-CRUNCH

Für vier Männer:

Für den Fisch:
- 200 g Chorizo
- ¼ Ciabatta
- 1 Bund Basilikum
- 2 EL weiche Butter
- Salz, Pfeffer aus der Mühle
- 2 EL Olivenöl zum Einfetten
- 2 Schalotten
- 2 dünne Zucchini
- 200 g Kirschtomaten
- 2 gelbe Paprikaschoten
- 2 Zweige Thymian
- Muskatnuss, frisch gerieben
- 4 Stücke Kabeljaufilet
  (à ca. 200 g)

Für die Sauce:
- 200 ml Fischfond
- 200 g Sahne
- ¼ EL Speisestärke
- 1 Vanilleschote
- Abrieb von 1 Bio-Limette
- Salz, Pfeffer aus der Mühle
- 1 EL eiskalte Butterwürfel

ZUBEREITUNGSZEIT: 25 Minuten (+ 25 Minuten Garzeit)

- Die Chorizo sehr fein würfeln und in einer Pfanne ohne Fett bei mittlerer Hitze langsam anbraten. In der Zwischenzeit das Ciabatta fein würfeln. Basilikum waschen, trockenschütteln, Blätter abzupfen und fein hacken.

- Die Pfanne vom Herd nehmen. Brot, Basilikum und 1 Esslöffel Butter einrühren. Das Ganze mit Salz und Pfeffer abschmecken. Feuerfeste Form mit Olivenöl auspinseln. Den Backofen auf 180 °C Umluft (200 °C Ober- und Unterhitze/Gas Stufe 3–4) vorheizen.

- Die Schalotten abziehen, längs halbieren und in Streifen schneiden. Zucchini, Tomaten und Paprika waschen und putzen. Zucchini ohne Enden in Scheiben schneiden, Tomaten halbieren. Paprika vierteln, entkernen und schräg in Streifen schneiden. Thymian waschen, trockenschütteln und Blätter abstreifen. Schalottenstreifen, Zucchinischeiben, Tomatenhälften, Paprikastreifen und Thymianblätter mit 1 Esslöffel weicher Butter in die Auflaufform geben, mit Salz und Pfeffer würzen und gut durchmengen.

- Die Kabeljaufilets auf Gräten kontrollieren, gründlich kalt abspülen, mit Küchenpapier trockentupfen, mit Salz und Pfeffer würzen und auf dem Gemüsebett in die Auflaufform legen. Den Ciabatta-Chorizo-Crunch auf den Filets verteilen und das Ganze im Ofen 20 Minuten backen.

- In der Zwischenzeit kalten Fischfond, Sahne und Speisestärke in einem Topf glattrühren. Vanilleschote längs einritzen und das Mark herauskratzen. Vanillemark samt Schote mit in den Topf geben. Fischfond unter Rühren langsam erhitzen. Limettenabrieb hinzugeben, die Sauce mit Salz und Pfeffer abschmecken. Vanilleschote wieder entfernen. Kurz vor dem Servieren eiskalte Butterwürfel mit dem Stabmixer untermischen und die Sauce aufschäumen.

- Fisch und Gemüse auf Teller verteilen und mit etwas Sauce beträufelt servieren.

MEIN TIPP:

Das Gericht lässt sich wunderbar am Vormittag vorbereiten und kühlstellen. Und wenn abends die Gäste kommen, nur kurz in den Ofen damit und 5 Minuten länger als oben angegeben backen.

FISH & CHIPS

MIT CHILI-MAYONNAISE

Für vier Männer:

Für Fish & Chips:
- 800 g vorwiegend festkochende Kartoffeln
- Salz
- 600 g Kabeljaufilet (ohne Haut und Gräten)
- 1 Spritzer Zitronensaft
- Pfeffer aus der Mühle
- 250 g Mehl, gesiebt
- 1 EL Backpulver
- 0,33 l Bier
- Öl zum Frittieren
- 3 EL Speisestärke

Für die Mayonnaise:
- 1 rote Chilischote
- Abrieb von ¼ Bio-Orange
- 500 g Mayonnaise
- 2 EL Ketchup
- Salz, Pfeffer aus der Mühle

ZUBEREITUNGSZEIT: 20 Minuten (+ 30 Minuten Garzeit)

- Die Kartoffeln schälen, waschen, in Stifte schneiden und in reichlich kochendem Salzwasser 3–4 Minuten garen. Kartoffeln abgießen und auf Küchenpapier ausdampfen lassen.

- In der Zwischenzeit den Fisch in längliche Stücke schneiden. Stücke in einer Schüssel mit Zitronensaft, Salz und Pfeffer würzen. Mehl und Backpulver vermengen und mit dem Bier nach und nach glattrühren. Der Teig sollte etwas fester sein als Pfannkuchen-teig. So viel Öl in einem Topf bei mittlerer Hitze erhitzen, dass die Fischstücke darin schwimmen können.

- Die Fischstücke in der Speisestärke wenden, dann durch den Teig ziehen und portionsweise im heißen Öl bei 220 °C ca. 3 Minuten goldbraun frittieren (sie sollten innen allerdings noch saftig sein). Mit dem Schaumlöffel herausheben und auf Küchenpapier gut abtropfen lassen. Fertige Stücke auf einem mit Backpapier ausgelegten Backblech im Ofen bei 120 °C Umluft (140 °C Ober- und Unterhitze/Gas Stufe 1) heiß halten, bis der Fisch komplett zubereitet ist.

- Die gut getrockneten Kartoffelstifte im selben Fett ebenfalls portionsweise 4–5 Minuten goldbraun backen und im Ofen heiß halten.

- In der Zwischenzeit für die Mayonnaise die Chilischote längs halbieren, entkernen und in kleine Würfel schneiden. Mayonnaise mit Chiliwürfeln, Orangenabrieb und Ketchup gut verrühren, dann mit Salz und Pfeffer abschmecken.

- Fisch und Kartoffelstifte anrichten und mit einem Klecks Chili-Mayonnaise servieren.

MEIN TIPP:

Alles am Vormittag vorbereiten und später, wenn die Gäste kommen, Fish & Chips nur noch im Ofen zu Ende backen. Klassisch werden zu Fish & Chips auf der Insel ein Erbsen-Minz-Püree und Sauce tartare gereicht: Für das Püree tiefgekühlte Erbsen mit etwas Butter, kleingezupfter Minze und wenig Wasser einige Minuten dünsten, dann grob zerstampfen, mit etwas Zitronensaft, Salz und Pfeffer abschmecken. Statt der Sauce tartare passt auch gut unsere Remouladen-Sauce (Rezept Seite 24), geben Sie ihr nur mit etwas mehr Mayo eine festere Konsistenz.

• THUNFISCH •

— MIT TOMATEN-KORIANDER-SALSA —

Für vier Männer:

Für den Fisch:
-1 EL helle Sesamsamen
-1 EL schwarze Sesamsamen
-4 frische Thunfischsteaks
 (à 200 g)
-Olivenöl zum Braten
-feines Meersalz
-Limettenspalten zum
 Servieren

Für die Salsa:
-300 g Tomaten
-2 EL Rosinen
-2 rote Zwiebeln
-1 Knoblauchzehe
-1 rote Chilischote
-1 Apfel
-1 Bund Koriandergrün
-2 EL Olivenöl zum Braten
-1 TL orientalische
 Gewürzmischung (z. B.
 Ras el Hanout oder Baharat)
-3 EL Sojasauce
-1 EL Honig
-Zucker
-Salz, Pfeffer aus der Mühle

ZUBEREITUNGSZEIT: 30 Minuten (+ 20 Minuten Garzeit)

- Den hellen Sesam in einer beschichteten Pfanne ohne Fett bei mittlerer Hitze goldbraun rösten und mit dem schwarzen Sesam in einer Schüssel mischen.

- Für die Salsa Tomaten waschen, ohne Stielansatz vierteln und mit einem Löffel entkernen. Tomatenfilets würfeln und mit den Rosinen verrühren. Zwiebeln und Knoblauch abziehen und fein würfeln. Chilischote waschen, längs halbieren, entkernen und fein würfeln. Den Apfel waschen, vierteln, entkernen und die Viertel würfeln. Koriander waschen und trockenschütteln. Vier Stängel beiseitelegen, den Rest fein hacken.

- Zwiebeln und Knoblauch in Olivenöl anschwitzen. Chiliwürfel und Gewürzmischung einrühren, kurz mitschwitzen. Mit der Sojasauce ablöschen. Tomaten und Rosinen, Apfel und Honig hinzugeben. Alles bei mittlerer Hitze 6–7 Minuten einkochen. Gehackten Koriander unterheben und die Salsa mit Zucker, Salz und Pfeffer abschmecken.

- Den Thunfisch trockentupfen und in einer beschichteten Pfanne in etwas Olivenöl von beiden Seiten jeweils 2 Minuten bei mittlerer Hitze kurz anbraten. Den Fisch auf Teller verteilen, mit Sesam und feinem Meersalz bestreuen. Mit dem restlichen Koriandergrün garniert servieren. Salsa und Limettenspalten dazu reichen.

MEIN TIPP:

Für einen Persischen Reis 300 g Basmatireis in einer Schüssel mit kaltem Wasser bedecken. 2 Schalotten abziehen und fein würfeln. 2 EL Mandelblättchen in einer beschichteten Pfanne ohne Fett rösten, dann in eine größere Schüssel umfüllen. 1 EL Rapsöl in einem Topf erhitzen, Schalottenwürfel darin bei leichter Hitze glasig schwitzen. 3 EL Rosinen und Mandelblättchen hinzugeben. Reis abgießen und in etwas leicht gesalzenem Wasser 5–6 Minuten garen. Abgießen und mit der Mandel-Rosinen-Pfanne mischen. 2 EL Butter in einem Bräter schmelzen, 1 Tütchen Safranfäden (0,1 g) und 1 EL Rosenwasser hinzufügen, mit 450 Millilitern Wasser auffüllen und alles kurz erwärmen. 300 ml des Butterwassers abnehmen. 2 EL Joghurt in den Topf geben und einrühren. Den Reis locker einschichten, kräftig erhitzen und bei starker Hitze und geschlossenem Deckel 3–4 Minuten garen. Die restliche Butter-Wasser-Mischung über dem Reis verteilen, alles erneut kurz und kräftig erhitzen, dann den Reis im Topf im Ofen bei 200 °C Umluft (220 °C Ober- und Unterhitze/Gas Stufe 4–5) ca. 15 Minuten fertig garen.

FELDJAEGER

Gemüse & Co.

101

— PIZZA —

Grundrezept

Für vier Männer:

Für den Teig:
- 500 g Mehl (Type 550 oder italienisches Pizza-Mehl Type 00) + etwas mehr für die Arbeitsfläche
- ¼ TL Salz
- 1 Würfel frische Hefe (42 g)
- 2 EL Olivenöl + etwas mehr zum Einfetten

Für die Sauce:
- 500 g stückige Tomaten (aus der Dose)
- 2 EL Olivenöl
- 1 TL getrockneter Oregano
- Zucker
- Salz, Pfeffer aus der Mühle

Für den Belag:
- Belag nach Wahl (z. B. Salami, Schinken, Thunfisch, Paprika ...)
- 150 g Pizzakäse, gerieben, oder Mozzarella, in Stücke zerpflückt
- Rucola- und Basilikumblätter zum Bestreuen

ZUBEREITUNGSZEIT: 30 Minuten (+ 30 Minuten Ruhezeit + 12–15 Minuten Backzeit)

- Für den Teig Mehl und Salz in einer Schüssel mischen, in die Mitte eine Mulde drücken. Hefe mit 100 Millilitern lauwarmem Wasser glattrühren. Wenn die Hefe vollständig aufgelöst ist, die Mischung in die Mulde gießen und Olivenöl dazugeben. Mit einer Hand das Mehl langsam in die Flüssigkeit einarbeiten. Dabei sollte die Hand gerade sein und die Finger sollten eine geschlossene Schaufel bilden. Noch einmal 200 Milliliter Wasser dazugeben und untermischen. Erst wenn die Flüssigkeit langsam gebunden ist, werden die Finger zum Kneten geöffnet und der Teig kräftig durchwirkt.

- Sobald sich die Masse vom Schüsselrand löst, auf der leicht bemehlten Arbeitsfläche weiterkneten, den Teig dabei immer wieder auseinanderziehen, übereinanderklappen und mit dem Handballen zusammendrücken. Er ist perfekt, wenn er sich geschmeidig-weich anfühlt und nicht mehr an den Händen klebt.

- Die Schüssel innen mit etwas Olivenöl einreiben, den Teig wieder hineinlegen, mit einem Tuch bedecken und an einem gleichmäßig warmen Ort 30 Minuten ruhen lassen, bis er leicht aufgegangen ist.

- In der Zwischenzeit je nach gewünschtem Belag die Zutaten vorbereiten. Für die Sauce die stückigen Tomaten in einem Sieb abtropfen lassen, mit dem Olivenöl verrühren und mit Oregano, 1 Prise Zucker, Salz und Pfeffer würzen. Den Backofen mit den Backblechen auf 230 °C Umluft (250 °C Ober- und Unterhitze/Gas Stufe 6) vorheizen. Backpapier auf Backblechgröße zuschneiden.

- Den Teig noch einmal durchkneten, halbieren und jeweils auf einem Bogen Backpapier 1–2 Zentimeter dick ausrollen – der Rand darf ruhig etwas dicker bleiben.

- Den Pizzateig mit der Tomatensalsa bestreichen, ganz nach Belieben mit Zutaten belegen, mit Pizzakäse oder Mozzarella bestreuen und nacheinander im heißen Ofen je nach Stärke des Belags 12–15 Minuten backen. Währenddessen Rucola- und Basilikumblätter verlesen, waschen, trockenschleudern und in mundgerechte Stücke zupfen.

- Die fertige Pizza aus dem Ofen nehmen und mit Rucola und Basilikum bestreut servieren.

KÜRBIS-RISOTTO

AUS DEM OFEN

Für vier Männer:

Für den Risotto:
- 250 g Risottoreis
- 1 EL Butter zum Einfetten der Form
- 1 Hokkaido-Kürbis (ca. 500 g)
- 1 Zwiebel
- ¾ l Gemüsebrühe
- 50 ml Weißwein
- Saft von 1 Orange
- 2 EL Olivenöl
- 1 Bund krause Petersilie
- 1 EL Butter
- 4 EL Parmesan, frisch gerieben
- Salz, Pfeffer aus der Mühle

ZUBEREITUNGSZEIT: 15 Minuten (+ 1 Stunde Garzeit)

- Den Risottoreis waschen und tropfnass in eine gefettete Auflaufform geben.

- Den Hokkaido-Kürbis waschen, putzen, vierteln und entkernen. Das Kürbisfleisch in mundgerechte Würfel schneiden. Die Zwiebel abziehen und in feine Würfel schneiden. Beides unter den Reis mischen. Gemüsebrühe, Weißwein, Orangensaft und Olivenöl mischen und über den Risotto geben. Alles gut verrühren. Auflaufform mit Alufolie sorgfältig verschließen und Risotto im heißen Ofen bei 180 °C Ober- und Unterhitze (160 °C Umluft/Gas Stufe 2-3) 1 Stunde backen.

- In der Zwischenzeit die Petersilie waschen, trockenschütteln, Blätter abzupfen und grob hacken – für die Garnitur 2 Esslöffel beiseitelegen. Nach 1 Stunde den Risotto aus dem Ofen nehmen und prüfen, ob der Reis gar ist, ansonsten noch einmal einige Minuten mehr in den Ofen schieben. Petersilie, Butter und Parmesan dazugeben und den Risotto mit einem Holzlöffel 1–2 Minuten durchrühren, dann mit Salz und Pfeffer abschmecken.

- Den Risotto mit der restlichen Petersilie bestreuen und am Tisch aus der Form heraus servieren.

MEIN TIPP:

Risotto ist ein wirklich schmackhaftes Gericht, nur leider scheuen viele das lange Rühren. Ich hoffe, Ihnen mit dieser einfachen Variante entgegenzukommen.

CANNELLONI

— MIT SPINAT-RICOTTA-FÜLLUNG —

Für vier Männer:

Für die Cannelloni:
- 1 kg tiefgekühlter Würzspinat
- 2 Brötchen
- 200 g Ricotta
- 1 Eigelb
- Salz
- Pfeffer aus der Mühle
- Semmelbrösel nach Bedarf
- 1 EL Olivenöl zum
  Einfetten der Form
- ca. 28 Cannellonirollen
  (ohne Vorkochen)
- 2 große Tomaten
- 2 Stängel Basilikum
- 200 g Gorgonzola
- 200 g Sahne
- 100 g Gratinkäse, geraspelt

Außerdem:
- Einwegspritzbeutel

ZUBEREITUNGSZEIT: 20 Minuten (+ 45 Minuten Garzeit)

- Den Spinat mit einem Schuss Wasser in einem Topf bei niedriger Hitze auftauen. Brötchen in kleine Würfel schneiden, zusammen mit Ricotta, Eigelb und Spinat vermengen. Das Ganze mit Salz und Pfeffer kräftig würzen. Falls die Masse nicht fest genug ist, einige Esslöffel Semmelbrösel untermischen. Die Masse in einen Einwegspritzbeutel füllen.

- Eine ausreichend große Auflaufform mit Olivenöl einfetten. Cannellonirollen mit der Masse füllen und nebeneinander in die Form legen. Den Backofen auf 180 °C Umluft (200 °C Ober- und Unterhitze/ Gas Stufe 3–4) vorheizen.

- In der Zwischenzeit die Tomaten waschen und ohne Stielansatz in kleine Würfel schneiden. Basilikum waschen, trockenschütteln, Blätter abzupfen, fein hacken, mit den Tomaten vermengen und über die Röllchen geben.

- Gorgonzola und Sahne in einem kleinen Topf erwärmen, mit Salz und Pfeffer würzen, dann über die Röllchen gießen. Die Cannelloni mit Gratinkäse bestreut im heißen Ofen je nach Packungsanweisung 30–35 Minuten bissfest und goldbraun backen.

- Die Cannelloni am Tisch aus der Auflaufform heraus servieren. Mit einem Glas Wein und frischem Baguette wird aus dem einfachen Gericht ein richtiges Festessen.

MEIN TIPP:

Kaufen Sie eine Packung Einwegspritzbeutel – die sind zum Füllen oder Garnieren super! Alternativ können Sie die Füllmasse auch in Frischhaltebeutel füllen und zum Aufspritzen eine entsprechend kleine oder größere Beutelspitze abschneiden.

Backen Sie die Cannelloni doch einmal in einer Kuchenkastenform, stürzen Sie diese nach dem Backen und servieren Sie die Cannelloni in Scheiben geschnitten. Oder Sie lassen sie in der Form auskühlen und braten die Cannelloni am nächsten Tag in Scheiben geschnitten in der Pfanne nach.

FALAFEL–BURGER

~ MIT JOGHURT-MAYO ~

Für vier Männer:

Für die Patties:
- 400 g Kichererbsen (aus der Dose)
- 1 rote Zwiebel
- 1 Knoblauchzehe
- 1 Bund glatte Petersilie
- 4 Stängel Koriandergrün
- 2 EL Mehl
- ¼ TL Ras el Hanout (orientalische Gewürzmischung)
- Salz, Pfeffer aus der Mühle
- 1 EL Sesamsamen
- 1 EL Sesamöl zum Braten

Für die Burger:
- 1 rote Zwiebel
- 100 g eingelegte Grillpaprika (aus dem Glas)
- 2 Gewürzgurken
- 2 kleine Tomaten
- 4 Kopf- oder Romanasalatblätter
- 4 Pitabrote

Für die Mayo:
- 4 EL Joghurt
- 4 EL Mayonnaise
- Abrieb von 1 Bio-Limette
- 1 Prise Cayennepfeffer
- Salz

ZUBEREITUNGSZEIT: 30 Minuten (+ 6–8 Minuten Garzeit)

- Die Kichererbsen in einem Sieb kalt abspülen und abtropfen lassen. Zwiebel und Knoblauch abziehen und fein würfeln.

- Petersilie und Koriander waschen, trockenschütteln und fein hacken. Die Kichererbsen in einer Schüssel mit dem Kartoffelstampfer oder einer Gabel fein musen, Zwiebel- und Knoblauchwürfel, Petersilie, Koriander, Mehl, Ras el Hanout unterrühren, dann mit Salz und Pfeffer abschmecken.

- Aus der Masse vier gleich große Kugeln formen, leicht plattdrücken und im Sesam wenden. Sesamöl in einer Pfanne erhitzen und die Kichererbsenpatties bei mittlerer Hitze von beiden Seiten 3–4 Minuten langsam goldbraun braten, dann herausnehmen und auf Küchenpapier abtropfen lassen.

- In der Zwischenzeit für die Burger die rote Zwiebel abziehen und in Ringe schneiden, die Grillpaprika auf Küchenpapier abtropfen lassen. Die Gewürzgurken schräg in Scheiben schneiden. Die Tomaten waschen und ohne Stielansatz in Scheiben schneiden.

- Die Salatblätter waschen und trockenschleudern. Pitabrote in einer Pfanne ohne Fett bei mittlerer Hitze kurz anrösten.

- Für die Joghurt-Mayo Joghurt, Mayonnaise und Limettenabrieb glattrühren, dann mit Salz und Cayennepfeffer abschmecken.

- Die Pitabrote mit der Joghurt-Mayo bestreichen, mit Salat, Tomate, Gurke, Grillpaprika und Zwiebel belegen, dann je einen Patty auflegen, Brot zusammenklappen, „Mund halten", genießen.

MEIN TIPP:

Lecker schmecken die Patties auch aus gekochten Linsen, die sehr energiereich sind und in der Mittagspause als gesunder Power-Burger „Starthilfe" in die zweite Tageshälfte leisten können.

RAVIOLI

rossi

Für vier Männer:

Für das Basilikumpesto:
- 50 g Pinienkerne
- 1 Bund frisches Basilikum
- 1 Bund glatte Petersilie
- 2 Knoblauchzehen
- 200 ml gutes Olivenöl
- Saft von 1 Zitrone
- Salz, Pfeffer aus der Mühle

Für den Teig:
- 1 Glas Rote Bete (200 g)
- 300 g Mehl
- 100 g Hartweizengrieß
- Salz, 3 Eigelbe
- 1 EL Olivenöl
- Mehl für die Arbeitsfläche
- 1 Eiweiß zum Bestreichen

Für die Füllung:
- 100 g Couscous
- 200 ml Gemüsebrühe
- 2 Stängel Basilikum
- 5 Champignons
- 100 g Ricotta, 1 Eigelb
- 1 EL Meerrettich

Für die Garnitur:
- 200 g Parmesan am Stück
- 1 kleine Handvoll Rucola-
  blätter zum Bestreuen

Außerdem:
- Nudelmaschine
- gezackter runder Ausstecher

- Für das Pesto die Pinienkerne in einer beschichteten Pfanne ohne Fett bei mittlerer Hitze goldbraun rösten. Basilikum und Petersilie waschen, trockenschütteln und die Blätter abzupfen. Knoblauch abziehen. Olivenöl und Knoblauch mit dem Stabmixer kurz mixen, dann Pinienkerne, Basilikum, Petersilie, Knoblauch und Zitronensaft hinzugeben. Alles kurz pürieren – die Kräuter dürfen ruhig noch etwas grob sein. (Frische Kräuter stets nur kurz mixen, weil sie sonst schnell braun und bitter werden.) Das Pesto mit Salz und Pfeffer würzen und beiseitestellen.

- Für den Nudelteig die Rote Bete in ein feines Sieb abgießen und abtropfen lassen, dabei den Saft auffangen. Rote Bete im sauberen Messbecher mit dem Stabmixer fein pürieren, eventuell etwas vom Saft dazugeben. Püree durch ein feines Sieb streichen und mit Mehl, Hartweizengrieß, 1 Prise Salz, Eigelben und Olivenöl in einer Schüssel zu einem geschmeidigen Teig verkneten, nach Bedarf etwas mehr Mehl oder Rote-Bete-Saft hinzugeben. Den Teig in Frischhaltefolie wickeln und bis zur weiteren Verwendung im Kühlschrank ruhen lassen.

- Für die Füllung den Couscous in einer Schüssel mit kochender Brühe übergießen. Körner mit einer Gabel lockern und ca. 10 Minuten ziehen lassen. Basilikum waschen, Blätter fein hacken. Champignons trocken abreiben, fein hacken und mit Couscous, Basilikum, Ricotta, Eigelb und Meerrettich mischen. Mit Salz und Pfeffer würzen.

- Den Nudelteig in vier Portionen aufteilen und von Stufe 1 bis 5 durch die Nudelmaschine drehen, bis die Teigplatten schön dünn sind.

- Die Platten auf der bemehlten Arbeitsfläche auslegen. Esslöffelweise mit einigem Abstand die Füllung auf zwei der Platten geben. Die Zwischenräume mit Eiweiß einpinseln und die beiden anderen Platten auflegen. Ränder um die Masse gut andrücken und mit dem Ausstecher Ravioli ausstechen.

- Ausreichend Wasser mit dem restlichen Rote-Bete-Saft und -püree aufkochen, dann leicht salzen. Ravioli dazugeben und 3–4 Minuten garziehen lassen. Mit einem Schaumlöffel herausheben und gut abtropfen lassen. Vom Parmesan mit dem Sparschäler Späne abhobeln. Den Rucola verlesen, waschen und trockenschütteln.

- Die Ravioli in vorgewärmten tiefen Tellern anrichten, Pesto darüber verteilen und das Ganze mit Parmesanspänen und Rucolablättern bestreut servieren.

GEMÜSE-LASAGNE

—

Für vier Männer:

Für die Lasagne:
-12–14 Lasagneblätter
-Salz
-2 Auberginen
-3 Zucchini
-4 große Tomaten
-12 kleine Kirschtomaten
-400 g Schafskäse
-1 Zwiebel
-1 Knoblauchzehe
-400 g stückige Tomaten
 (aus der Dose)
-100 g Tomatenmark
-1 TL Paprikapulver edelsüß
-1 TL Cayennepfeffer
-1 TL getrockneter Oregano
-200 ml Milch
-200 g Sahne
-1 1 L Speisestärke
-1 EL Parmesan,
 frisch gerieben
-Pfeffer aus der Mühle
-Olivenöl zum Einfetten
-4 Kugeln Mozzarella
 (à 125 g)

ZUBEREITUNGSZEIT: 20 Minuten (+ 30 Minuten Backzeit)

- Die Lasagneblätter 2–3 Minuten in kochendem Salzwasser garen. Platten herausnehmen und kalt abspülen, dann auf der Arbeitsplatte auf einem Küchentuch auslegen.

- Auberginen und Zucchini waschen und ohne die Enden der Länge nach in Scheiben schneiden. Auberginenscheiben mit etwas Salz einreiben.

- Die Tomaten waschen und ohne Stielansatz in Scheiben schneiden. Kirschtomaten waschen und halbieren. Schafskäse fein würfeln.

- Zwiebel und Knoblauch abziehen und in feine Würfel schneiden. Zwiebel- und Knoblauchwürfel mit Dosentomaten, Tomatenmark, Paprikapulver, Cayennepfeffer und Oregano verrühren.

- Milch, Sahne, Speisestärke und Parmesan glattrühren, dann die Béchamelsauce mit Salz und Pfeffer würzen und kurz aufkochen. Auberginenscheiben mit Küchenpapier abtupfen und dabei das Salz etwas abreiben. Den Backofen auf 200 °C Umluft (220 °C Ober- und Unterhitze/Gas Stufe 4–5) vorheizen.

- Eine Auflaufform mit Olivenöl einfetten. Mozzarellakugeln mit Küchenpapier trockentupfen und in kleine Stücke zerrupfen oder grob reiben. Lasagneblätter, Béchamelsauce, Gemüse, Tomatensugo und Schafskäse abwechselnd einschichten. Auf den letzten Lasagneblättern noch eine Schicht Tomatensugo und Sauce verteilen, abschließend das Ganze mit Mozzarella bestreuen.

- Die Lasagne im heißen Ofen 30–40 Minuten goldbraun backen.

MEIN TIPP:

Bei Hackfleischlasagne braucht man die Lasagneblätter in aller Regel nicht vorzukochen. Da die Füllung der Gemüselasagne etwas weniger Feuchtigkeit besitzt, sollten Sie die Blätter vor der Weiterverarbeitung leicht garen.

Wer Zeit und Lust hat, kann die Lasagneblätter mit hauchdünn geschnittenem blanchiertem Gemüse auch füllen, aufrollen und dann in der Sauce backen.

NUDEL-FRITTATA

Für vier Männer:

Für die Frittata:
- 200 g grüne Bandnudeln
- 200 g helle Bandnudeln
  (alternativ ca. 250 g Nudeln
  vom Vortag)
- Salz
- 400 g stückige Tomaten
  (aus der Dose)
- 1 TL getrockneter Oregano
- Zucker
- Pfeffer aus der Mühle
- Olivenöl zum Einfetten
- 3 Kugeln Mozzarella
  (à 125 g)
- 4 Eier
- 100 g Crème fraîche
- 4 EL Parmesan, frisch
  gerieben

Außerdem:
- Muffinbackblech
  mit 12 Mulden

ZUBEREITUNGSZEIT: 20 Minuten (+ 25 Minuten Backzeit)

- Die Nudeln in leicht gesalzenem Wasser nach Packungsanweisung bissfest garen, dann abgießen, kalt abspülen und in einem Sieb abtropfen lassen. Den Backofen auf 180 °C Umluft (200 °C Ober- und Unterhitze, Gas Stufe 3–4) vorheizen.

- Tomaten und Oregano verrühren, mit 1 Prise Zucker, Salz und Pfeffer würzen. Nudeln dazugeben und alles gut vermengen. Mulden des Muffinbackblechs mit etwas Olivenöl einfetten. Die Nudeln mit einer Gabel leicht aufdrehen und in die Förmchen verteilen.

- Den Mozzarella mit Küchenpapier trockentupfen, jede Kugel in 4 Scheiben schneiden. Eier, Crème fraîche und Parmesan verrühren, mit Salz und Pfeffer würzen und über die Nudeln verteilen. Je eine Mozzarellascheibe auflegen und das Ganze im Ofen ca. 25 Minuten goldbraun backen, bis die Eiermasse gestockt ist.

MEIN TIPP:

Das ist ein super Resterezept, wenn Nudeln vom Vortag übrig sind. Geschmacklich können Sie hier natürlich vielseitig kombinieren, z. B. mit Paprikasalami, Lachsstücken oder Gemüse – schauen Sie einfach, was im Kühlschrank oder in der Frischhaltebox schlummert. Anstatt Lebensmittel wegzuwerfen, eignen sich Aufläufe hervorragend, um Lebensmittelreste zu verarbeiten. Einfach köstlich, einfach günstig, weil die Zutaten eh da sind. Damit tun Sie auch dem Planeten etwas Gutes – dem wahrscheinlich einzigen, auf dem es Nudeln gibt.

Muffinportionen eignen sich super als Snack oder Beilage. Wer möchte, kann das Ganze auch in eine feuerfeste Form geben und im Ganzen backen.

RICOTTA-NOCKEN

Für vier Männer:

Für die Knödel:
- 500 g Ricotta
- 3–4 EL Ajvar
- 8 getrocknete Tomaten
  (in Öl eingelegt)
- 4 Stängel Basilikum
- 10–12 schwarze Oliven
  (ohne Stein)
- Salz, Pfeffer aus der Mühle
- 3 sehr frische Eier
- 2 EL Speisestärke
- 6–8 EL Semmelbrösel
- Hartweizengrieß zum
  Wälzen
- Olivenöl zum Braten

Für die Beilage:
- 1 Aubergine
- je 1 rote und gelbe
  Paprikaschote
- 1 gelbe Zucchini
- 2 grüne Zucchini
- 1 Schale Kirschtomaten
  (200 g)
- 2 rote Zwiebeln
- 2 Knoblauchzehen
- 2 Zweige Rosmarin
- 4 EL Olivenöl
- Zucker
- Pfeffer, grob zerstoßen

Für die Garnitur:
- 200 g Cashewkerne
- ¼ TL scharfes Currypulver
- Salz, 1 Bund Rucola

ZUBEREITUNGSZEIT: 30 Minuten (+ 15 Minuten Garzeit + 15 Minuten Kühlzeit)

- Ricotta und Ajvar kräftig verrühren. Getrocknete Tomaten auf Küchenpapier abtropfen lassen. Basilikum waschen und trockenschütteln. Die Blätter mit Tomaten und Oliven fein hacken, unter die Ricottamasse rühren und mit Salz und Pfeffer würzen.

- Die Eier trennen. Eiweiße mit 1 Prise Salz zu steifem Schnee schlagen. Eigelbe und Speisestärke unter die Ricottamasse rühren, dann den Eischnee unterheben. Löffelweise so viele Semmelbrösel einrühren, bis die Masse die Konsistenz von Kartoffelpüree hat. Masse abdecken und im Kühlschrank 15 Minuten kalt stellen. Den Backofen auf 220 °C Umluft (240 °C Ober- und Unterhitze/Gas Stufe 5–6) vorheizen.

- In der Zwischenzeit die Aubergine waschen, ohne Enden der Länge nach halbieren und die Schnittflächen mit etwas Salz einreiben (dadurch zieht die Aubergine Wasser und wird weich). Paprikaschoten waschen, halbieren, entkernen und in Streifen schneiden. Zucchini waschen und ebenfalls in Streifen schneiden. Kirschtomaten waschen und halbieren.

- Zwiebeln und Knoblauch abziehen. Die Zwiebeln in Streifen schneiden, den Knoblauch fein würfeln. Rosmarin waschen, trockenschütteln, Nadeln abzupfen und fein hacken. Auberginenhälften mit Küchenpapier abtupfen – dabei das Salz etwas abreiben – und in Streifen schneiden. Gesamtes Gemüse und Rosmarin auf einem Backblech mit Olivenöl gut vermengen, mit 1 Prise Zucker, Salz sowie Pfeffer würzen. Im heißen Ofen ca. 10 Minuten garen. Nochmals durchmengen und weitere 5 Minuten garen, bis es bräunt.

- Währenddessen die Cashewkerne in einer beschichteten Pfanne ohne Fett bei mittlerer Hitze langsam goldbraun rösten, dann in eine Schüssel umfüllen und mit Currypulver sowie Salz gut mischen. Rucola verlesen, waschen und trockenschleudern.

- Von der Ricottamasse Nocken abstechen, im Hartweizengrieß wälzen und in einer Pfanne im heißen Olivenöl bei mittlerer Hitze goldgelb braten.

- Das Gemüse auf Tellern anrichten, Nocken auflegen und das Ganze mit Cashewkernen und Salat bestreut servieren.

KARTOFFELGRATIN

Für vier Männer

KARTOFFELGRATIN - ZUBEREITUNGSZEIT: 10 Minuten (+ 30 Minuten Backzeit)

6 große vorwiegend festkochende Kartoffeln schälen, waschen, längs halbieren, mit der Schnittfläche nach unten auf das Brett legen und nun in 1 Zentimeter dicke Scheiben schneiden, ohne dass die Hälften auseinanderfallen. Den Backofen auf 180 °C Umluft (200 °C Ober- und Unterhitze/Gas Stufe 3–4) vorheizen.

1 kleine Knoblauchzehe abziehen, sehr fein würfeln und mit **1 EL Olivenöl** mischen. Eine Auflaufform mit dem Knoblauchöl einpinseln, die Kartoffelhälften mit der Schnittfläche nach unten hineinlegen und ganz leicht schräg auseinanderdrücken.

400 g Sahne mit **frisch geriebener Muskatnuss, Salz** und **Pfeffer aus der Mühle** kräftig würzen, mit einem Schneebesen leicht anschlagen und über die Kartoffeln gießen.

Kartoffeln im heißen Ofen 30–40 Minuten backen, bis die Kartoffeln weich sind und die Sahne schön gebräunt ist.

. . . .

ÜBERBACKENE OFENKARTOFFELN - ZUBEREITUNGSZEIT:
15 Minuten (+ 30 Min. Garzeit)

4 große vorwiegend festkochende Kartoffeln gründlich waschen und in kochendem **Salzwasser** 15 Minuten garen. Herausnehmen und der Länge nach halbieren.

1 Knoblauchzehe und **2 Schalotten** abziehen und fein hacken. **Blätter von 2 Zweigen Thymian** abstreifen und fein hacken. **2 Frühlingszwiebeln** putzen, waschen und in feine Ringe schneiden.

1 kleine Chorizo fein würfeln. Eine beschichtete Pfanne ohne Fett erhitzen und die Wurstwürfel mit dem Knoblauch und den Schalottenwürfeln darin bei mittlerer Hitze langsam rösten. **100 ml Milch** mit dem Thymian in einem Topf erwärmen.

Die Kartoffeln mit einem Löffel aushöhlen, dabei einen kleinen Rand stehen lassen. Die ausgehöhlten Kartoffelstücke in eine Schüssel geben, Milch hinzufügen und die Kartoffeln grob zerdrücken. **2 EL Crème fraîche**, Chorizo und Frühlingszwiebeln dazugeben, unterheben, mit **Salz, Pfeffer aus der Mühle** und **frisch geriebener Muskatnuss** gut abschmecken.

Die Kartoffeln mit **150 g geriebenem Gruyère** bestreuen und im vorgeheizten Backofen bei 180 °C Umluft (200 °C Ober- und Unterhitze/Gas Stufe 3) ca. 15 Minuten goldbraun backen.

BRAT- & RÖSTKARTOFFELN

Für vier Männer

BRATKARTOFFELN – ZUBEREITUNGSZEIT: 35 Minuten (+ 25 Minuten Garzeit)

1 kg mittelgroße vorwiegend festkochende Kartoffeln waschen und mit Schale in reichlich kochendem Wasser mit **1 EL Salz, 10 Kümmelsamen und 1 EL Rapsöl** ca. 15 Minuten garen, allerdings nicht zu weich kochen.

In der Zwischenzeit **2 Zwiebeln** abziehen, längs halbieren und in Streifen schneiden. **1 Bund glatte Petersilie** waschen und trockenschütteln, Blätter abzupfen und fein schneiden.

Kartoffeln abgießen, ausdampfen lassen, noch heiß pellen, ganz auskühlen lassen und in Scheiben schneiden. In einer Pfanne **3 EL Öl** erhitzen, Kartoffelscheiben hineingeben und bei mittlerer Hitze goldbraun braten. Wenn sie teils schon leicht braun sind, **100 g durchwachsenen Räucherspeck** (gewürfelt) hinzugeben und kurz mitbraten. Abschließend Zwiebelstreifen unterheben und erhitzen. Das Ganze mit **Salz** und **grobem Steakpfeffer** abschmecken.

Kurz vor dem Servieren **1 EL Butter** und Petersilie hinzugeben und alles noch einmal durchschwenken.

MEIN TIPP:

Die Knollen nicht zu weich kochen, sonst zerfallen sie beim Braten. Wichtig: Die Pfanne nicht zu oft schwenken. Geben Sie den Kartoffeln Zeit, langsam braun und kross zu werden. Bei größeren Mengen lieber in zwei Etappen braten und zum Schluss einmal alles zusammen kraftig erhitzen und durchschwenken. Wer die zwiebelige Schärfe nicht so sehr mag, gibt die Zwiebelstreifen etwas eher mit dem Speck dazu.

• •

RÖSTKARTOFFELN – ZUBEREITUNGSZEIT: 15 Minuten (+ 15–20 Minuten Garzeit)

800 g mittelgroße vorwiegend festkochende Kartoffeln schälen, waschen und in kleine Würfel schneiden. Kartoffelwürfel in etwas kaltem Wasser baden, abgießen und auf einem Küchentuch gut abtrocknen, dann spritzen sie beim Braten nicht.

2 Zweige Rosmarin waschen, trockenschütteln, Nadeln abzupfen und fein hacken. In einer Pfanne **4–6 EL Rapsöl** erhitzen und die Kartoffelwürfel darin bei mittlerer Hitze 15–20 Minuten goldbraun braten, dabei gelegentlich wenden.

Wenn die Kartoffelwürfel fertig sind, **1 EL Butter** und gehackten Rosmarin dazugeben und alles mit **Salz** und **Pfeffer aus der Mühle** abschmecken.

REZEPTE
-SEITE-
118-122

RÖSTI & KLÖSSE

Für vier Männer

RÖSTI – ZUBEREITUNGSZEIT: 20 Minuten (+ 30 Minuten Garzeit + 20 Minuten Abkühlzeit)

1 kg mittelgroße festkochende Kartoffeln waschen und mit Schale in kochendem Wasser mit **1 EL Salz, 10 Kümmelsamen und 1 EL Rapsöl** 15 Minuten garen, allerdings nicht zu weich kochen.

Kartoffeln abgießen, ausdampfen lassen, noch heiß pellen, 20 Minuten auskühlen lassen und grob raspeln. Die Masse mit **frisch geriebener Muskatnuss, Salz** und **grob zerstoßenem Pfeffer** würzen.

2 EL Butterschmalz in einer Pfanne erhitzen. Kartoffelraspel dazugeben und in der Pfanne kurz leicht durchrühren, dann zu einem großen Taler formen und bei mittlerer Hitze ca. 15 Minuten langsam rösten. Die Pfanne mit einem großen Teller abdecken und beides mit Schwung umdrehen, sodass die Rösti aus der Pfanne auf den Teller fällt.

2 EL Butterschmalz in die Pfanne geben, Rösti nun mit der ehemaligen Oberseite nach unten wieder hineingleiten lassen und weitere 15 Minuten zu Ende braten.

MEIN TIPP:

Anstelle einer großen Rösti können Sie auch mehrere kleine braten. Statt gekochter Kartoffeln können Sie Rösti auch aus frischen Kartoffeln zubereiten. Dazu die Kartoffeln raspeln, salzen und gut ausdrücken. Die Rösti bei schwacher bis mittlerer Hitze etwas länger garen.

. . . .

KARTOFFELKLÖSSE – ZUBEREITUNGSZEIT: 30 Minuten (+ 20 Minuten Garzeit)

1 kg mittelgroße mehligkochende Kartoffeln waschen und mit Schale in reichlich kochendem **Salz**wasser ca. 20 Minuten weich garen. Kartoffeln abgießen, kurz ausdampfen lassen, noch heiß pellen und direkt mit dem Kartoffelstampfer grob zerdrücken oder durch die Presse drücken.

Kartoffelbrei mit **100 g Mehl, 2 Eiern, frisch geriebener Muskatnuss, 1 Prise Salz** und **Pfeffer aus der Mühle** verkneten. Sollte der Teig zu weich sein, etwas mehr Mehl unterarbeiten.

Den Teig mit den Händen zu gleichmäßigen limettengroßen Klößen formen. Die Klöße in kochendes Salzwasser geben und ohne Deckel bei schwacher Hitze ca. 20 Minuten gar ziehen lassen.

Die Klöße mit einem Schaumlöffel herausholen, abtropfen lassen und in eine Schüssel geben. Mit etwas **gebräunter Butter** beträufeln und mit **Semmelbröseln** bestreut servieren.

PÜREE & GNOCCHI

Für vier Männer

KARTOFFELPÜREE – ZUBEREITUNGSZEIT: 30 Minuten

1 kg mittelgroße mehligkochende Kartoffeln schälen, waschen, in grobe Würfel schneiden und in reichlich kochendem **Salz**wasser ca. 15 Minuten bei mittlerer Hitze weich garen.

In der Zwischenzeit **250 ml Milch** und **1 EL Butter** erwärmen und mit **frisch geriebener Muskatnuss, Salz** und **Pfeffer aus der Mühle** kräftig würzen.

Kartoffeln abgießen, ausdampfen lassen, noch heiß pellen und direkt mit dem Kartoffelstampfer grob zerdrücken oder durch die Presse drücken. Milch-Butter-Mischung hinzugeben und leicht unterrühren, dann das Ganze noch einmal mit Muskatnuss und Salz abschmecken.

MEIN TIPP:

Geben Sie ruhig Geschmack zum Püree, wie z. B. Wasabipaste, gehackte Oliven, Kräuter oder Trüffelöl. Oder Sie kochen das Püree einmal halb und halb mit Kürbis oder Steckrübe.

. . . .

GNOCCHI – ZUBEREITUNGSZEIT: 40 Minuten (+ 25 Minuten Garzeit + 30 Minuten Ruhezeit)

800 g vorwiegend festkochende Kartoffeln waschen und in **Salz**wasser 20 Minuten weich kochen. Abgießen, ausdampfen lassen, pellen, durch die Presse drücken und 15 Minuten auskühlen lassen.

250 g feinen Hartweizengrieß, 1 Ei und **1 TL Salz** dazugeben und alles kurz zu einem Teig durchkneten. Die Masse auf der bemehlten Arbeitsfläche zu fingerdicken Rollen formen, in ca. 2 cm dicke Stücke schneiden und mit den Zinken einer Gabel leicht andrücken. Gnocchi auf einem Küchentuch verteilen, mit Mehl bestäuben und ca. 30 Minuten trocknen lassen.

Reichlich Wasser mit Salz erhitzen, die Gnocchi hineinlegen und bei mittlerer Hitze ca. 5 Minuten leicht sieden lassen, bis sie an die Wasseroberfläche steigen.

2 EL Butter und **8–10 Salbeiblätter** in einer Pfanne erhitzen. Gnocchi mit einer Schaumkelle aus dem Wasser nehmen, gut abtropfen lassen und in die Pfanne geben. Klößchen in der Butter schwenken und erhitzen, bis die Butter leicht karamellisiert.

Die Gnocchi mit **Salz** und **Pfeffer aus der Mühle** abschmecken, in vorgewärmte tiefe Teller geben und mit **frischen Parmesanspänen** bestreut servieren.

AUF ZUCKER

Nachspeisen & Co.

125

CHOCOLATE

— Tarte —

Für vier Männer:

Für den Boden:
- 200 g Keksreste oder Knäckebrot
- 75 g flüssige Butter
- 100 g Himbeerkonfitüre
- 200 g Erdnussbutter crunchy
- 1 EL Rum
- 100 g Puderzucker

Für den Belag:
- 250 g Zartbitterschokolade (70 %)
- 1 EL Butter
- 100 g Crème fraîche
- 200 g Sahne
- 1 EL Honig
- 3 EL Amaretto
- Salz

Für die Dekoration:
- Haselnüsse, gehackt
- frische Beeren nach Wahl

Außerdem:
- Springform (Ø 26 cm)

ZUBEREITUNGSZEIT: 30 Minuten (+ 1 Stunde Kühlzeit)

- Keksreste oder Knäckebrot zerbröseln, mit der flüssigen Butter mischen und auf dem Boden einer Springform gleichmäßig verteilen, dabei die Brösel leicht andrücken. Den Bröselboden mit Konfitüre bestreichen und bis zur weiteren Verwendung im Tiefkühlfach kalt stellen.

- In der Zwischenzeit die Erdnussbutter mit Rum und Puderzucker leicht erwärmen, mit den Quirlen des Handrührgeräts oder einem Schneebesen glattrühren, auf dem Keksboden verteilen und das Ganze wieder kalt stellen.

- Für den Belag die Zartbitterschokolade hacken, dann mit Butter und Crème fraîche in einer Metallschüssel über einem heißen Wasserbad schmelzen und beiseite stellen. Sahne mit Honig, Amaretto und 1 Prise Salz in einem kleinen Topf erhitzen, dann unter die Schokoladenmasse rühren.

- Die Masse in der Form auf den Keksboden gießen und die Tarte ca. 1 Stunde im Kühlschrank kalt stellen.

- Die Tarte aus der Form lösen, mit gehackten Haselnüssen bestreuen und mit gewaschenen und getrockneten frischen Beeren verziert servieren.

MEIN TIPP:

Für dieses Rezept sind die Nährwert- und Kalorienangaben leider nicht ermittelbar, aber Vorsicht: starke Suchtgefahr nach mehr ...

Wer es doch etwas schlanker mag, kann die Erdnussbutter auch weglassen und die Sahne durch fettarmen Frischkäse ersetzen.

Und wer nach Feiertagen Keks- und/oder Schokoreste übrig hat, kann auch die einfach in einer solchen Tarte verarbeiten.

QUARKKUCHEN

MIT KEKSBODEN

ZUBEREITUNGSZEIT: 25 Minuten (+ 10 Minuten Backzeit + ca. 3 Stunden Kühlzeit)

- Den Boden der Springform mit Backpapier stramm auslegen und den überstehenden Backpapierrand seitlich nach unten streichen. Den Formrand umlegen und so verschließen, dass das Backpapier zwischen Rand und Boden stramm eingeklemmt ist. Den Backofen auf 160 °C Umluft (180 °C Ober- und Unterhitze/Gas Stufe 2–3) erhitzen.

- Die Butterkekse in einen Gefrierbeutel geben und mit einem Nudelholz grob plattwalzen. Keksbrösel und flüssige Butter in einer Schüssel vermengen, dann in der Springform verteilen und andrücken. Das Ganze im heißen Ofen ca. 10 Minuten backen, dann herausnehmen und in der Form auskühlen lassen.

- In der Zwischenzeit die Vanilleschote längs einritzen und das Mark herauskratzen. Vanillemark mit Speisequark, Zucker und Zitronenabrieb in einer Schüssel mit den Quirlen des Handrührgeräts oder einem Schneebesen gut vermengen.

- Den Apfelsaft in einen Topf geben und die Gelatine darin einweichen. Wenn sie weich ist, das Ganze leicht erwärmen, bis alles flüssig ist, dann unter die Quarkmasse rühren. Die Sahne mit den Quirlen des Handrührgeräts steif schlagen und vorsichtig unterheben.

- Die Quarkmasse in die Springform gießen und im Kühlschrank ca. 3 Stunden auskühlen lassen, bis sie fest ist.

- Den Kuchen in Tortenstücke schneiden und mit gehackten Pistazien bestreut servieren.

MEIN TIPP:

Sie können die Quarkmasse auch mit Aromen abwandeln oder den Kuchen zum Beispiel in mit Papierförmchen ausgekleideten Muffinformen zubereiten und mit frischen Früchten belegen. Für den Kindergeburtstag zum Schluss noch etwas bunte Götterspeise darübergeben und auskühlen lassen.

CRÈME BRÛLÉE

in der Orange

Für vier Männer:

Für die Crème:
- 1 Vanilleschote
- 100 ml Milch
- 200 g Sahne
- 3 Eigelbe
- 100 g Zucker
- 100 g Crème fraîche
- 2 große Bio-Orangen
- 1 EL Likörchen
  (z. B. Eierlikör)
- 2–3 EL brauner Zucker
  zum Bestreuen und
  Karamellisieren

Außerdem:
- Muffinblech
- Flambierbrenner

ZUBEREITUNGSZEIT: 15 Minuten (+ 1 Stunde Garzeit)

- Die Vanilleschote längs einritzen und das Mark herauskratzen. Milch, Sahne, Vanillemark und -schote verrühren. Den Backofen auf 80 °C Umluft (100 °C Ober- und Unterhitze/Gas nicht empfehlenswert) vorheizen.

- Eigelbe und Zucker cremig rühren (nicht schlagen), Crème fraîche und Vanillesahne unterrühren.

- Die Orangen heiß abwaschen, trockenreiben, halbieren und vorsichtig auspressen, ohne dass die Schale bricht. Das Innere mit einem kleinen Löffel gut auskratzen.

- Die Hälfte des Safts (Rest anderweitig verwenden) zur Eiermasse geben und unterrühren. Das Ganze mit ein wenig Likörchen abschmecken. Die Vanilleschote entfernen.

- Die Orangenhälften in die Mulden eines Muffinblechs setzen (vorher ein wenig Wasser in die vier Mulden geben). Eiermasse vorsichtig in die Orangenhälften gießen und im heißen Ofen ca. 1 Stunde garen, bis die Masse vollständig gestockt ist.

- Die Crème brûlée aus dem Ofen nehmen und im Kühlschrank etwas auskühlen lassen.

- Vor dem Servieren die Crème mit braunem Zucker gut bestreuen und mit einem Flambierbrenner langsam abflämmen, bis der Zucker braun karamellisiert.

MEIN TIPP:

Wer die Crème brûlée schneller braucht, erwärmt die Milch vorher ein wenig und rührt ½ Teelöffel Speisestärke in die kalte Milch.

Crème brûlée schmeckt am besten, wenn sie noch leicht warm ist.

AMARETTO

— SOUFFLÉ —

Für vier bis sechs Männer:

Für das Soufflé:
-flüssige Butter zum
 Einfetten
-Zucker für die Förmchen
 + 3 EL für den Teig
-100 g Amarettini-Kekse
-2 EL gemahlene Mandeln
-4 EL Amaretto
-Abrieb von 1 Bio-Orange
-1 Vanilleschote
-4 Eier
-100 g Sahne
-Salz
-Puderzucker zum Bestreuen

Außerdem:
-4–6 Soufflé-Förmchen

ZUBEREITUNGSZEIT: 15 Minuten (+ 20 Minuten Backzeit)

- Den Backofen auf 200 °C Ober- und Unterhitze (Gas Stufe 3–4/Umluft nicht emp- fehlenswert) vorheizen. Ein tiefes Backblech mit zwei Fingerbreit Wasser füllen. Förmchen mit flüssiger Butter einfetten und mit Zucker ausstreuen. Überschüssigen Zucker wieder herausrieseln lassen.

- Die Amarettini-Kekse in einen Frischhaltebeutel geben und mit einem Nudelholz plattwalzen, zusammen mit den Mandeln im Amaretto tränken und Orangenabrieb hinzugeben.

- Die Vanilleschote längs einritzen und das Mark herauskratzen. Das Mark zur Man- delmasse geben. Die Eier trennen. Sahne und Eigelbe gut verrühren und unter die Masse mischen.

- Eiweiße, Zucker und 1 Prise Salz mit den Quirlen des Handrührgeräts kräftig auf- schlagen, bis die Masse steif ist und nicht mehr aus der Schüssel fällt, wenn man sie umdreht. Den Eischnee vorsichtig unter den Teig heben.

- Die Masse zwei Drittel hoch in die Förmchen füllen, da der Teig beim Backen noch aufgeht. Die Förmchen auf dem wassergefüllten Backblech verteilen und die Soufflés im heißen Ofen ca. 20 Minuten auf unterster Schiene backen, bis sie schön auf- gegangen sind. Achtung: Die Backofentür während des Backens nicht öffnen, sonst können die Soufflés zusammenfallen!

- Die fertigen Amaretto-Soufflés herausnehmen und mit etwas Puderzucker bestreut sofort servieren.

MEIN TIPP:

Soufflés können auch herzhaft, zum Beispiel mit Parmesan oder Kartoffeln, zubereitet werden – ideal als Vorspeise!

Damit das Soufflé gelingt, ist die Grundmasse wichtig. Der Eischnee muss richtig steif geschlagen sein und vorsichtig unter die Masse gehoben werden. Die Masse sollte idealerweise leicht luftig vom Löffel fallen.

QUARKBÄLLCHEN
IM ZIMTMANTEL

Für die Quarkbällchen:
- 1 Vanilleschote
- 1 Bio-Zitrone
- 2 Eigelbe
- 100 g Zucker
- 200 g Speisequark
- ca. 150 g Semmelbrösel
- ½ l Milch
- 3 EL Zucker
- 1 TL Zimt

Für die Fruchtsauce:
- 200 g Zucker
- ½ l Johannisbeersaft
- 1 Zimtstange
- 1 EL Speisestärke
- 500 g tiefgekühlte
  Blaubeeren
- 4 Stängel Minze

ZUBEREITUNGSZEIT: 30 Minuten (+ 12–15 Minuten Garzeit + 30 Minuten Kühlzeit)

• Die Vanilleschote längs einritzen und das Mark auskratzen. Die Zitrone heiß abwaschen, kräftig trockenreiben und die Schale fein abreiben. Eigelbe und Zucker cremig schlagen, Quark, Zitronenabrieb und Vanillemark (Schote nicht wegwerfen!) hinzufügen und gut verrühren. Nach und nach so viele Semmelbrösel dazugeben, bis die Masse fest wird. Den Teig für 30 Minuten im Kühlschrank kalt stellen, damit die Brösel die Feuchtigkeit aufsaugen können.

• In der Zwischenzeit für die Sauce den Zucker in einem Topf bei mittlerer Hitze langsam schmelzen und karamellisieren. Erst dann die Masse mit einem Holzlöffel verrühren, wenn der Zucker komplett flüssig ist. Zwei Drittel des Johannisbeersafts, ausgekratzte Vanilleschote, Zimtstange und eine Scheibe der abgeriebenen Zitrone hinzugeben. Alles aufkochen, dabei erst dann wieder rühren, wenn sich der Karamell gelöst hat.

• Den restlichen Saft mit Speisestärke glattrühren, nach und nach in die Fruchtsauce geben, bis diese sehr gut abgebunden ist. Der Saft sollte nun etwas fester abgebunden sein, da die tiefgefrorenen Früchte später zusätzlichen Saft abgeben.

• Die Milch mit ¼ Liter Wasser in einem breiten Topf erhitzen, aber nicht kochen. Aus der Quarkmasse 12 gleich große Bällchen formen. Die Bällchen mit dem Schaumlöffel in die heiße Milch gleiten und in der heißen Flüssigkeit 12–15 Minuten ziehen lassen, bis alle an der Oberfläche schwimmen.

• In der Zwischenzeit Zucker und Zimt gut vermengen und in eine flache Form geben. Die Fruchtsuppe erwärmen.

• Die Quarkbällchen mit dem Schaumlöffel herausheben und auf Küchenpapier abtropfen lassen. Noch warm durch die Zucker-Zimt-Mischung rollen. Gefrorene Blaubeeren zur Fruchtsuppe geben. Die Minze waschen und trockenschütteln.

• Die Fruchtsuppe auf tiefe Teller verteilen, jeweils drei Quarkbällchen hineingeben und das Ganze mit je einem Minzestängel garniert servieren.

- LASAGNE -

von Waldfrüchten

Für vier Männer:

Für die Lasagne:
-200 ml Kirschsaft
-1 TL Speisestärke
-1 EL Zucker
-500 g tiefgekühlte
 gemischte Beeren
-50 g weiße Kuvertüre
-1 Espresso
-2 EL Amaretto
-2 Blatt Gelatine
-2 EL Zucker
-200 g Mascarpone
-12 Löffelbiskuits
-1 Tasse Kaffee zum Tränken

ZUBEREITUNGSZEIT: 25 Minuten (+ ca. 3 Stunden Kühlzeit)

• Kirschsaft, Speisestärke und Zucker in einem Topf verrühren und langsam erhitzen, bis der Saft gebunden ist. Früchte kurz einrühren und das Ganze in eine flache Auflaufform geben.

• Die Kuvertüre hacken und in einer Metallschüssel über dem heißen Wasserbad schmelzen. Espresso, Amaretto und Gelatine in einen Topf geben. Wenn die Gelatine weich ist, den Zucker hinzugeben und alles langsam erwärmen, bis Gelatine und Zucker aufgelöst sind. Mascarpone mit flüssiger Kuvertüre und Espressosud gut verrühren.

• Die Löffelbiskuits kurz im Kaffee tränken und auf den Früchten gleichmäßig verteilen. Die Mascarponemasse darauf verstreichen und das Ganze im Kühlschrank bis zum Servieren ca. 3 Stunden kalt stellen.

MEIN TIPP:

Anstatt eine Dessertcreme mit Eiern aufzuschlagen, können Sie auch diese eierfreie Creme als Grundbasis verwenden. Eventuell etwas mehr Kuvertüre und 2 Blatt Gelatine verwenden.

Ideal im Sommer: Anstelle der tiefgekühlten Früchte zum Beispiel einfach mit etwas Zucker marinierte frische Erdbeeren verwenden.

WARUM ICH KOCH GEWORDEN BIN?

Weil mein Lieblingsgericht als kleiner Steppke Frikadellen mit Blumenkohl, Kartoffeln und weißer Sauce war und ich immer wissen wollte, wie diese verdammt leckere Sauce gemacht wird!

Meine Ausbildung absolvierte ich bei der Deutschen Shell, wo ich in der Vorstandsküche von meinem Ausbilder viel lernen konnte – lieber Dieter, vielen Dank noch mal dafür.

Danach ging ich in die französische Sterne-Gastronomie ins Relais de France unter der Leitung von Michel George. Dort wurde alles zelebriert, was zum Michelin-Stern dazugehört. Auf der Jagd nach neuen kulinarischen Erlebnissen trieb es mich nach Italien, um Pasta, Mediterranes und ein bisschen Lebenskultur zu inhalieren. In Südafrika lernte ich den Umgang mit Straußenfleisch, fand heraus, wie scharf ein Curry sein kann, und sah, wie schön der Blick vom Tafelberg ist. Danach folgte schon die Selbstständigkeit mit einem Lunch-Bistro auf dem Gelände der DESY in Hamburg, später dann die Clubgastronomie in einem der besten Golf-Clubs Deutschlands – in St. Dionys, wo ich auch die ersten Kochkurse leitete. Danach wurde ich zum Kreativkopf im renommierten Restaurant „Brick" auf dem alten Gaswerkgelände in Hamburg-Bahrenfeld. Dort kochten wir anspruchsvolle World-Kitchen mit kulinarischen Genüssen Europas, Asiens, der Karibik, Australiens und Süd-afrikas. Frische Kräuter, landestypische Gewürze und außer-gewöhnliche Zutaten gaben hier den Gerichten ihre einzigartige Note.

Im Anschluss gründete ich die Kochschule Hamburg – die Location zum Kochen! Gemeinsam zu kochen und dabei hilfreiche Tipps und Tricks zu verraten, war die Idee.

Mit Glühwein und Keksen saßen wir im Rohbau und überlegten, wie dies in die Tat umzusetzen sei. Mittlerweile ist aus der kleinen Idee das privat erfolgreichste Kochschulnetzwerk mit Kochschulen in vielen Städten gewachsen.

Seit 1999 gebe ich nun schon Kochkurse und freue mich immer wieder über die netten Menschen und die gemeinsame Zeit, um das Kochen auszuprobieren, es neu zu gestalten und zu vertiefen. Ich bedanke mich daher bei allen Teilnehmern aus meinen Kochkursen und freue mich auf viele weitere und heitere Kurse mit Ihnen, dazu heiße ich Sie mit meinem Team jederzeit herzlich willkommen.

Ein besonderer Dank geht auch an mein Team, welches mich teils schon viele Jahre begleitet, mir den Rücken freihält und ein großes Stück zum Erfolg der Kochschulen beiträgt.

· REGISTER ·

IMPRESSUM

1. Auflage
© der gekürzten Sonderausgabe 2023 by Bassermann Verlag, einem Unternehmen der
Penguin Random House Verlagsgruppe GmbH, Neumarkter Straße 28, 81673 München
© der Originalausgabe 2017 by Südwest Verlag, einem Unternehmen der Penguin Random House
Verlagsgruppe GmbH, Neumarkter Straße 28, 81673 München

Originaltitel: Männerkochschule

ISBN 978-3-8094-4786-3

HERSTELLUNG Franziska Polenz
PROJEKTLEITUNG Macielle Christin Montoya Barea
BILDREDAKTION Tanja Zielezniak
FOTOGRAFIE Hubertus Schüler
FOTOASSISTENZ + BILDBEARBEITUNG Benedikt Koester
FOODSTYLING Stefan Mungenast
Ganz lieben Dank an Thomas Hoffmann, der einige der schönen Untergründe gemacht hat.
Danke auch an Janis Bakine für das Modeln mit seinen Tattoos.
AUTORENFOTO SEITE 138 Igor Koss

ART DIREKTION, LAYOUT Tobias Wiebeck & Steffen Baumgartl (www.oh-ja.com)
UMSCHLAGGESTALTUNG Atelier Versen, Bad_Aibling
ILLUSTRATIONEN INNENTEIL Istockphoto (Andrii_Oliinyk, asmakar, denisk0, Gomberg, Grafissimo,
Ievgeniia Lytvynovych, ilbusca, KeithBishop, MattGrove, melazerg, iStock_nicoolay (24x), rudall30, sharpner, suricoma)
Aleksei Oslopov), Shutterstock (makar, Margarita Tkachenko, Marina Grau)

Druck & Bindung TBB a.s
Printed in Slovakia

57909626320